일본어
들어가기

권승림 · 오미영

제이앤씨
Publishing Company

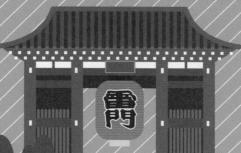

권 승 림 (權勝林)

· 한국외국어대학교 졸업
· 일본 大阪大学 언어문화연구과 석사 · 박사과정
· 언어문화학박사
· 1996 ~ 숭실대학교 일어일문학과 교수
· 현대일본어문법론 · 한일대조언어학

 오 미 영 (吳美寧)

· 이화여자대학교 졸업
· 한국외국어대학교 일어일문학과 석사과정
· 일본 北海道大学 문학연구과 박사과정
· 문학박사
· 2003 ~ 숭실대학교 일어일문학과 교수
· 일본어사 · 한일대조언어학

일본어 들어가기

초판 1쇄 발행   2021년 08월 15일
초판 2쇄 발행   2023년 03월 08일

저   자 권 승 림 · 오 미 영
발 행 인 윤 석 현
발 행 처 제이앤씨
책임편집 최 인 노
등록번호 제7-220호

우편주소 서울시 도봉구 우이천로 353
대표전화 02) 992 / 3253
전   송 02) 991 / 1285
홈페이지 http://www.jncbms.co.kr
전자우편 jncbook@hanmail.net

ISBN 979-11-5917-177-2   13730   정가 15,000원

이 책은 150분·15주로 구성된 대학의 일본어 초급 수업 교재로 만들어진 것입니다. 1과에 앞서 일본어의 문자와 발음 및 표기의 기초를 학습한 후 이를 바탕으로 1과부터 기본 문형을 익히고 형용사를 학습한 후 동사의 활용과 음편까지를 학습할 수 있도록 모두 10과로 편성하였습니다.

각 과의 구성은 다음과 같습니다.

- 본문 시작 전에 해당 과의 학습 요점을 〈ポイント〉라는 제목으로 제시하여 학습 목표를 분명하게 인식할 수 있도록 하였습니다.
- 본문은 학습 포인트를 최대한 반영함과 동시에 초급 학습에서 요구되는 어휘들을 풍부하게 담았습니다.
- 다음으로 〈文法과 表現〉에서는 학습 목표로 제시된 문법 사항과 표현에 대해 설명하고 예문을 제시함으로써 이해를 돕도록 하였습니다.
- 본문 하단과 〈文法과 表現〉 후반부 하단에 새로 등장한 단어를 제시하여 학습의 편의를 도모하였습니다.
- 마지막으로 〈練習〉라는 제목으로 연습문제를 실었습니다. 연습문제에는 새로운 단어를 등장시키지 않고 본문과 문법 설명에서 사용했던 단어를 최대한 활용하여 학습한 내용을 익힐 수 있도록 하였습니다. 또한 일본어 작문과 해석, 그리고 청취 문제를 배치함으로써 읽기와 쓰기, 듣기를 겸비한 종합적인 일본어 학습이 가능하도록 구성하였습니다.
- 각 과의 마지막에는 〈単語テスト〉를 마련하여 테스트 용지를 준비하지 않고도 단어 테스트를 할 수 있을 뿐만 아니라 테스트 후 절취하여 교수님께 제출할 수 있도록 배려하였습니다.
- 5과와 6과에서 형용사를 학습하고 나면 6과 뒤에는 형용사 단어를 정리하여 복습할 수 있도록 하였고, 10과 뒤에는 7과에서 10과까지 등장했던 동사들을 모두 모아 종류별로 정리함으로써 학습의 편의를 도모하였습니다.

이 책은 2012년에 간행되어 숭실대학교 교양 수업에서 사용되었던 『대학교양일본어 들어가기』의 개정판에 해당합니다. 초판 간행 이후 10년이 흘렀고 시대의 흐름에 따라 어휘의 교체 등 전체적으로 재검토를 할 필요성이 제기되었습니다. 이에 따라 본문, 문법 설명, 연습문제 등을 새롭게 수정하고 보완하였습니다. 또한 이전 교재는 주로 숭실대학교 교양 수업에 사용할 것을 염두에 두고 만들어졌습니다만 새로 단장을 하고 보니 본문의 내용과 어휘, 문법 설명, 연습문제 등이 충실하게 담겨있어서 전공 수업에서 사용해도 충분하다고 판단되었습니다. 따라서 책 제목도 본래의 책 제목에서 '대학교양'을 생략하고 『일본어 들어가기』로 바꾸기로 하였습니다.

이 책이 일본어의 기초를 다지는 과정에서 신뢰할 수 있는 벗이자 의지처가 되기를 희망합니다.

저자 올림

차 례

일본어의 문자와 발음

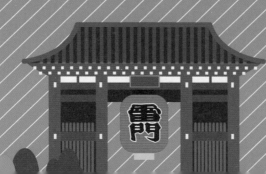

일본어의 문자와 발음

1 일본어의 문자

일본어 문장은 「私は学生です。」와 같이, 가나(仮名)와 한자(漢字)를 섞어서 표기한다.

1) 한자(漢字)

한자는 일본어 및 일본어 표기에서 중요한 위치를 차지하고 있다. 특히 일본어에는 띄어쓰기가 없기 때문에 가나만으로 문장을 표기하면 의미를 파악하기 어렵다. 그러나 한자를 함께 사용함으로써 의미를 파악하는데 어려움 없이 언어생활을 영위하고 있다.

일상적으로 일본어를 읽고 쓰는데 필요한 한자를 상용한자(常用漢字)로 지정하고 있는데 모두 2136자(2010년 개정)이다.

글자체는 우리나라와 다른 것이 많다. 일본에서는 우리나라에서 사용하는 한자 글자체와 같은 것을 「旧字体」라고 부르고, 현대 일본어에서 사용하는 글자체를 「新字体」라고 부른다.

	구자체	신자체
배울 학	學	学
나라 국	國	国
참 진	眞	真
오랠 구	舊	旧
그림 도	圖	図

일본어에서는 한자읽기가 매우 중요하다. 우리말에서는 한자를 음으로만 읽고 대개의 경우 하나의 음을 지니는데 비해, 일본어에서는 한자가 두 개 이상의 읽는 방법을 지니는 경우가 많기 때문이다. 한자를 읽는 방법에는 음(音)으로 읽는 법과 훈(訓), 즉 뜻으로 읽는 두 가지가 있다. 전자를 음독(音読), 후자를 훈독(訓読)이라고 한다.

	음독	훈독
山	さん	やま
水	すい	みず
音	おん	おと
土	ど	つち
日	にち, じつ	ひ

2) 가나(仮名)

가나는 일본 고유의 문자이기는 하지만 한글과 같이 독창적인 과정을 통해 새롭게 만들어진 것이 아니라 한자에 바탕을 두고 있다. 가나는 본래 '가짜 글자, 임시 글자'라는 뜻이다. 가나에는 히라가나(ひらがな, 平仮名)와 가타카나(かたかな, 片仮名) 두 가지가 있다. 히라가나는 한자를 초서체로 흘려 쓴 것을 더욱 간략하게 하여 생겨난 것이고, 가타카나는 한자의 일부를 떼어내서 만든 것이다.

현대 일본어에서는 히라가나와 한자를 섞어서 표기하고, 가타카나는 주로 외래어·의음어·의태어·광고문 등에 사용된다.

일본어 문자표 – 오십음도

　일본어의 문자를 5자씩 10행으로 배열하여 나타낸 것을 오십음도(五十音図, ごじゅうおんず)라고 한다. 이 때 세로를 행(行, ぎょう)이라 하고, 모음에 의해 통일된 가로를 단(段, だん)이라고 한다. 오십음도는 10C경에 성립되었다. 일본어는 오랜 역사를 거쳐 오는 동안 기존에 사용되던 음이 소멸되기도 하고 두 개의 음이 하나로 통합되기도 하여, 현재 오십음도에는 45개의 글자(ん을 포함하면 46자)가 있다. 그러나 음은 모두 44개인데 그것은 わ행의 を는 목적격조사로만 사용되고 음가는 あ행의 お[o]와 같기 때문이다.

| 히라가나 오십음도 : 청음 |

단＼행	Ø	k	s	t	n	h	m	y	r	w
a	あ	か	さ	た	な	は	ま	や	ら	わ
i	い	き	し	ち	に	ひ	み		り	
u	う	く	す	つ	ぬ	ふ	む	ゆ	る	
e	え	け	せ	て	ね	へ	め		れ	
o	お	こ	そ	と	の	ほ	も	よ	ろ	を
										ん

단＼행	∅	k	s	t	n	h	m	y	r	w
a	ア	カ	サ	タ	ナ	ハ	マ	ヤ	ラ	ワ
i	イ	キ	シ	チ	ニ	ヒ	ミ		リ	
u	ウ	ク	ス	ツ	ヌ	フ	ム	ユ	ル	
e	エ	ケ	セ	テ	ネ	ヘ	メ		レ	
o	オ	コ	ソ	ト	ノ	ホ	モ	ヨ	ロ	ヲ
										ン

3 일본어의 발음

1) 청음(清音)

청음(清音, せいおん)은 오십음도에 나오는 각 음절의 가나에 탁점(゙)이나 반탁점(゚)을 붙이지 않은 글자를 말한다.

❶ あ行

あ	ア	い	イ	う	ウ	え	エ	お	オ

あい 사랑　　　　いえ 집　　　　うえ 위　　　　え 그림　　　　おい 남자조카

❷ か行

か	カ	き	キ	く	ク	け	ケ	こ	コ

かお 얼굴　　き 나무　　くさ 풀　　け 털　　こえ 목소리

❸ さ行

さ	サ	し	シ	す	ス	せ	セ	そ	ソ

さか 언덕　　しお 소금　　すし 초밥　　せき 키　　そこ 거기

❹ た行

た	タ	ち	チ	つ	ッ	て	テ	と	ト

たこ 문어　　ちか 지하　　つき 달　　てき 적　　とし 나이

❺ な行

な	ナ	に	ニ	ぬ	ヌ	ね	ネ	の	ノ

なか 안　　　にく 고기　　　ぬの 천　　　ねこ 고양이　　　のり 김

❻ は行

は	ハ	ひ	ヒ	ふ	フ	へ	ヘ	ほ	ホ

はし 다리　　　ひ 해·날　　　ふね 배　　　へそ 배꼽　　　ほし 별

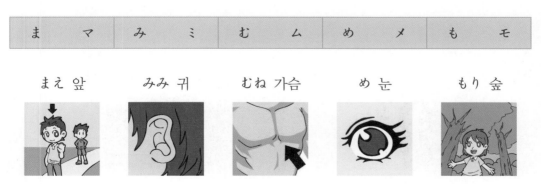

❼ ま行

ま	マ	み	ミ	む	ム	め	メ	も	モ

まえ 앞　　　みみ 귀　　　むね 가슴　　　め 눈　　　もり 숲

❽ や行

や	ヤ			ゆ	ユ			よ	ヨ

やま 산　　　　ゆめ 꿈　　　　よこ 옆

❾ ら行

ら	ラ	り	リ	る	ル	れ	レ	ろ	ロ

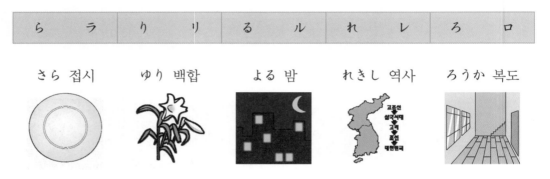

さら 접시　　ゆり 백합　　よる 밤　　れきし 역사　　ろうか 복도

❿ わ行

わ	ワ							を	ヲ

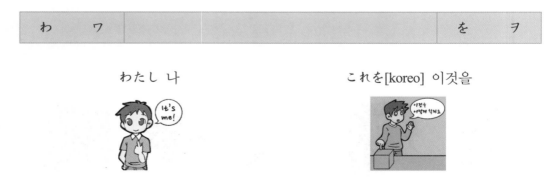

わたし 나　　　　　これを[koreo] 이것을

2) 탁음(濁音)

탁음(濁音, だくおん)이란 청음 「か・さ・た・は」행의 글자의 오른쪽 위에 탁점
(ﾞ)을 붙여서 내는 음으로, 성대의 진동에 의해 생기는 유성음(有声音)이다.

❶ が行

が	ガ	ぎ	ギ	ぐ	グ	げ	ゲ	ご	ゴ

がっこう 학교　　かぎ 열쇠　　かぐ 가구　　かげ 그림자　　かご 바구니

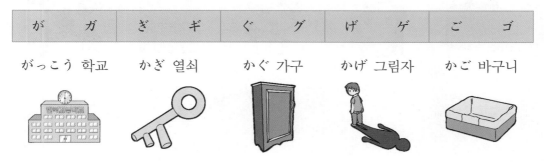

❷ ざ行

ざ	ザ	じ	ジ	ず	ズ	ぜ	ゼ	ぞ	ゾ

ざっし 잡지　　じかん 시간　　ちず 지도　　ぜひ 꼭　　なぞ 수수께끼

❸ だ行

だ	ダ	ぢ	ヂ	づ	ヅ	で	デ	ど	ド

だいがく 대학　　はなぢ 코피　　つづく 계속되다　　でぐち 출구　　かど 모퉁이

ば	バ	び	ビ	ぶ	ブ	べ	ベ	ぼ	ボ

かばん 가방　　びじん 미인　　どうぶつ 동물　　かべ 벽　　ぼいん 모음

3) 반탁음(半濁音)

반탁음(半濁音, はんだくおん)은 「は」행의 글자 오른쪽 위에 반탁점(°)을 붙여서 나타낸다. 탁음과는 달리 성대가 울리지 않는 무성음(無声音)이다.

❶ ぱ行

ぱ	パ	ぴ	ピ	ぷ	プ	ぺ	ペ	ぽ	ポ

いっぱい 가득　ぴったり 딱 맞음　きっぷ 티켓　ぺらぺら 줄줄　いっぽん 한 자루

4) 요음(拗音)

요음(拗音, ようおん)은 い단음 「き・ぎ・し・じ・ち・ぢ・に・ひ・び・ぴ・み・り」에 반모음인 「や・ゆ・よ」를 1/2크기로 작게 써서 한 음절로 발음하는 것을 말한다. 음성적으로는 い단의 각 자음에 반자음 [j]와 [a], [u], [o] 모음 중 하나가 결합한 [ja], [ju], [jo]이다.

きゃ	キャ	きゅ	キュ	きょ	キョ

きゃく 손님

きゅうけい 휴식

とうきょう 동경

ぎゃ	ギャ	ぎゅ	ギュ	ぎょ	ギョ

ぎゃく 반대

ぎゅうにゅう 우유

きんぎょ 금붕어

しゃ	シャ	しゅ	シュ	しょ	ショ

しゃかい 사회

しゅみ 취미

しょくどう 식당

じゃ	ジャ	じゅ	ジュ	じょ	ジョ

かんじゃ 환자

じゅんび 준비

かのじょ 그녀

ちゃ チャ	ちゅ チュ	ちょ チョ

おちゃ 차

ちゅうい 주의

ちょうちょう 나비

にゃ ニャ	にゅ ニュ	にょ ニョ

こんにゃく 곤약

にゅういん 입원

にょうぼう (자신의) 부인

ひゃ ヒャ	ひゅ ヒュ	ひょ ヒョ

ひゃく 백

ひゅうひゅう 휙휙

ひょうし 표지

びゃ ビャ	びゅ ビュ	びょ ビョ

びゃくや 백야

びゅんびゅん 휙휙

かんびょう 간병

みゃ	ミャ	みゅ	ミュ	みょ	ミョ

さんみゃく 산맥　　　ミュージカル 뮤지컬　　　みょうあん 묘안

りゃ	リャ	りゅ	リュ	りょ	リョ

しょうりゃく 생략　　　りゅうがく 유학　　　りょこう 여행

5) 촉음(促音)

촉음(促音, そくおん)은 「つ」를 다른 글자 밑에 1/2크기로 작게 써서 나타낸 것으로 「か・さ・た・ぱ」행음 앞에 나타난다. 뒤에 오는 자음을 발음할 준비를 한 다음, 그 상태를 한 박자 길이만큼 유지했다가 후속 자음을 발음한다. 따라서 뒤에 오는 자음에 따라 다르게 실현된다고 할 수 있다. 뒤에 오는 자음의 종류에 따라 음가가 변한다는 점에서 촉음은 우리말의 'ㅅ'받침과 유사하지만, 촉음은 한 음절을 구성하고 'ㅅ'받침은 그렇지 않다는 점이 차이가 있다.

❶ [k] か행자음 「か・き・く・け・こ」 앞에 올 때

　　　いっかい 一回 [ikkai] 한 번　　　　　がっき 学期 [gakki] 학기

ノック [nokku] 노크

けっこん 結婚 [kekkoN] 결혼

❷ [s] さ행자음 「さ・し・す・せ・そ」 앞에 올 때

じっさい 実際 [dʒissai] 실제

ざっし 雑誌 [zaʃʃi] 잡지

けっせき 欠席 [kesseki] 결석

いっそう 一層 [isso:] 한층

❸ [t] た행자음 「た・ち・つ・て・と」 앞에 올 때

いったい 一体 [ittai] 도대체

いっち 一致 [ittʃi] 일치

きって 切手 [kitte] 우표

おっと 夫 [otto] (자신의) 남편

❹ [p] ぱ행자음 「ぱ・ぴ・ぷ・ぺ・ぽ」 앞에 올 때

いっぱい [ippai] 가득

はっぴょう 発表 [happjo:] 발표

コップ [koppu] 컵

しっぽ [ʃippo] 꼬리

6) 발음(撥音)

「ん」으로 표기하는 발음(撥音, はつおん)은 뒤에 오는 자음의 종류에 따라 아래와 같이 여러 가지 이음(異音)으로 실현된다. 우리말의 받침과는 달리 한 음절을 이루므로 발음에 주의하여야 한다.

❶ [m] 「ま・ば・ぱ」 행음 앞에 올 때

あんま 按摩 [amma] 안마

はんばい 販売 [hambai] 판매

しんぱい 心配 [ʃimpai] 걱정

さんぽ 散歩 [sampo] 산책

❷ [n] 「さ・ざ・た・だ・な・ら」 행음 앞에 올 때

しんせつ 親切 [ʃinsetsu] 친절

かんじ 漢字 [kanʒi] 한자

はんたい 反対 [hantai] 반대

こんど 今度 [kondo] 이번

あんない 案内 [annai] 안내

べんり 便利 [benri] 편리

❸ [ŋ]「か・が」행음 앞에 올 때

げんき 元気 [geŋki] 건강

まんが 漫画 [maŋga] 만화

❹ [N] 뒤에 오는 음이 없이 「ん」으로 끝날 때나 모음, 반모음 앞에 올 때
　* [N]은 [ŋ]이 콧소리화 한 것이다.

ほん 本 [hoN] 책

ねだん 値段 [nedaN] 가격

ほんや 本屋 [hoNja] 서점

でんわ 電話 [deNwa] 전화

にほんを 日本を [nihoNo] 일본을

7) 장음(長音)

장음(長音, ちょうおん)은, 모음이 한 박자 길이만큼 길게 발음되는 것을 말한다. 우리말과 달리 장모음이냐 단모음이냐가 표기상으로도 나타나고 의미의 변별에도 관여하므로 일본어에서는 장단의 구별에 유의하여야 한다.

① あ단장음 – あ단+あ : [a+a]→[a:]

おばあさん [oba:saN] 할머니 おかあさん お母さん [oka:saN] 어머니

* おばさん [obasaN] 아주머니

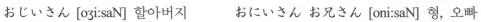

② い단장음 – い단+い : [i+i]→[i:]

おじいさん [oʒi:saN] 할아버지 おにいさん お兄さん [oni:saN] 형, 오빠

* おじさん [oʒisaN] 아저씨

③ う단장음 – う단+う : [u+u]→[u:]

ゆうき 勇気 [ju:ki] 용기

* ゆき 雪 [juki] 눈

くうき 空気 [ku:ki] 공기

* くき 茎 [kuki] 줄기

④ え단장음 – え단+え : [e+e]→[e:], え단+い : [e+i]→[e:]

おねえさん お姉さん [one:saN] 언니, 누나

せんせい 先生 [sense:] 선생님

⑤ お단장음 – お단+お : [o+o]→[o:], お단+う : [o+u]→[o:]

おとうさん お父さん [oto:saN] 아버지

おおさか 大阪 [o:saka] 오사카

※ 외래어의 장음 – [ー]로 표기한다.

コーヒー [ko:hi:] 커피

カード [ka:do] 카드

ケーキ [ke:ki] 케이크

ブーケ [bu:ke] 부케

8) 조사 「は」, 「へ」, 「を」

① 「は」 [ha]는 '～은(는)'이라는 의미의 조사로 사용될 경우 [wa]로 발음한다.

ここは [kokowa] 여기는

* はは [haha] 엄마

② 「へ」 [he]는 '～에, ～(으)로'라는 의미의 조사로 사용될 경우 [e]로 발음한다.

うちへ [utʃie] 집으로

* へび [hebi] 뱀

③ 「を」는 「お」와 같이 [o]로 발음하며 '～을(를)'이라는 의미의 조사로만 쓴다.

ノートを [no:too] 노트를

みずを [mizuo] 물을

9) 외래어 발음

외래어는 외래어 표기를 위한 규정에 따라 가타카나로 표기한다.

プリンター　printer

スキャナー　scanner

コンピューター　computer

カメラ　camera

ファッション　fashion

アクセサリー　accessory

10) 일본어의 악센트

일본어에서는 「雨(비)」와 「飴(사탕)」은 「アメ」, 「アメ」와 같이 '음의 높이'의 차이에 의해 의미가 구별된다. 「箸(젓가락)」과 「橋(다리)」도 마찬가지로 표기나 발음은 같으나 「ハシ」, 「ハシ」와 같이 음의 높낮이의 차이에 따라 의미를 구별한다.

이렇게 하나하나의 단어에 대해 사회적 습관으로서 정해져 있는 음의 상대적인 높이나 강약의 배치를 '악센트(accent)'라고 한다. 이 중 고저에 의한 악센트를 '고저악센트(pitch accent)'라고 하고, 강약에 의한 것을 '강약악센트(stress accent)'라고 한다. 일본어의 악센트는 단어 내부에 고저 관계가 정해져 있는 고저 악센트로 고저의 차이에 따라 의미의 구별을 하기도 하고 단어가 하나의 단위임을 나타내기도 한다.

일본어 악센트 습득은 대단히 어렵다. 더구나 같은 일본이라도 지역에 따라 악센트가 달라질 뿐만 아니라 악센트가 없는 무악센트 지역도 있다. 또한 조사 등의 결합에 의해서도 한 단어의 악센트가 변화하기도 한다. 따라서 무리하게 외우려하기보다는 잘 듣고 정확하게 따라하면서 자연스럽게 습득해가는 것이 좋다.

単語テスト

名前

교수님이 불러주시는 단어를 히라가나로 받아쓰세요.

01

02

03

04

05

06

07

08

09

10

교수님이 불러주시는 단어를 가타가나로 받아쓰세요.

01

02

03

04

05

06

07

08

09

10

제1과

こんにちは

ポイント

1. 인사말
2. ～は ～です
3. ～は ～ですか
4. ～は ～ではありません

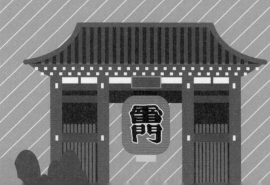

제1과

こんにちは

사무실에서 야마다 선생님이 나카다 선생님에게
유학생인 김혜미 양을 소개합니다.

中田先生 <small>なかだせんせい</small>	こんにちは。
山田先生 <small>やまだ</small>	こんにちは。
	こちらは 金<small>キム</small>さんです。
金 <small>キム</small>	はじめまして。金です。
	どうぞ よろしく おねがいします。
中田先生	はじめまして。中田<small>なかだ</small>です。
	どうぞ よろしく。
山田先生	金さんは 留学生<small>りゅうがくせい</small>です。
中田先生	そうですか。
	金さんは 中国人<small>ちゅうごくじん</small>ですか。
金	いいえ、中国人ではありません。
	私<small>わたし</small>は 韓国人<small>かんこくじん</small>です。

先生	せんせい	선생님	こんにちは		안녕하세요
こちら		이쪽	はじめまして		처음 뵙겠습니다
どうぞ		어서, 부디	よろしく		잘
おねがいします		부탁합니다	留学生	りゅうがくせい	유학생
中国人	ちゅうごくじん	중국인	いいえ		아니오
私	わたし	나, 저	韓国人	かんこくじん	한국인

文法と表現 ✿

1   Aは Bです。 A는 B입니다.

「Aは Bです。」는 명사 A에 대한 정보를 말할 때 사용한다. B에도 명사가 온다. は는 대체로 우리말 '은/는'에 해당하는 조사이고, です는 정중체의 조동사이다.

私は 大学生です。 ……… 나는 대학생입니다.

中田さんは 日本人です。 ……… 나카다 씨는 일본인입니다.

はい、彼は 会社員です。 ……… 예, 그는 회사원입니다.

2   Aは Bではありません。 A는 B가 아닙니다.

「Aは Bです」를 부정하는 표현은 「Aは Bでは(じゃ)ありません」이다. では는 회화체에서 じゃ로 축약하여 발음할 수 있다.

私は 高校生ではありません。 ……… 나는 고등학생이 아닙니다.

山田さんは 韓国人ではありません。 ……… 야마다 씨는 한국인이 아닙니다.

彼は 中国人ではありません。 ……… 그는 중국인이 아닙니다.

3 | Aは Bですか。　　　　A는 B입니까?　Aは Bではありませんか。A는 B가 아닙니까?

「Aは Bです」, 「Aは Bでは(じゃ)ありません」에 의문조사 か를 붙이면 의문문이된다. 일본어에서는 의문문이라도 기본적으로 의문부호 「?」를 붙이지 않고 마침표 「。」를 찍는다.

スミスさんは アメリカ人ですか。	스미스 씨는 미국인입니까?
ブラウンさんは イギリス人ですか。	브라운 씨는 영국인입니까?
彼は 留学生ですか。	그는 유학생입니까?
中田さんは 中国人ではありませんか。	나카다 씨는 중국인이 아닙니까?
山田さんは 大学生ではありませんか。	야마다 씨는 대학생이 아닙니까?
ヘレンさんは 一年生ではありませんか。	헬렌 씨는 1학년이 아닙니까?

어휘					
大学生	だいがくせい	대학생	日本人	にほんじん	일본인
はい		예	彼	かれ	그, 그 남자
会社員	かいしゃいん	회사원	高校生	こうこうせい	고등학생
アメリカ人(じん)		미국인	イギリス人(じん)		영국인
一年生	いちねんせい	1학년			

練習

 1. 주어진 단어를 이용하여 보기와 같이 문장을 만드세요.

 보기

金さん、学生

➡ 金さんは 学生です。

金さんは 学生ですか。

1 李さん、韓国人

➡ _____

_____

2 山田さん、日本人

➡ _____

_____

3 田中さん、大学生

➡ _____

_____

④ スミスさん、先生

➡ _____

_____

⑤ チンさん、留学生

➡ _____

_____

2. 다음 문장을 보기와 같이 바꾸세요.

> 보기
>
> 金さんは 韓国人です。
>
> ➡ 金さんは 韓国人ではありません。
>
> 金さんは 韓国人ではありませんか。

① スミスさんは アメリカ人です。

➡ _____

_____

② 山田さんは 会社員です。

➡ _____

_____

❸ 田中さんは 留学生です。

　➡ ＿＿＿＿＿＿＿＿＿＿＿＿＿＿＿＿＿＿＿＿

　　＿＿＿＿＿＿＿＿＿＿＿＿＿＿＿＿＿＿＿＿

❹ 李さんは 高校生です。

　➡ ＿＿＿＿＿＿＿＿＿＿＿＿＿＿＿＿＿＿＿＿

　　＿＿＿＿＿＿＿＿＿＿＿＿＿＿＿＿＿＿＿＿

❺ 金さんは 一年生です。

　➡ ＿＿＿＿＿＿＿＿＿＿＿＿＿＿＿＿＿＿＿＿

　　＿＿＿＿＿＿＿＿＿＿＿＿＿＿＿＿＿＿＿＿

3. 보기와 같이 질문에 답하세요.

 보기

　　　金さんは 韓国人ですか。(はい)

　➡ 　はい、私は 韓国人です。

　　　はい、金さんは 韓国人です。

　　金さんは 韓国人ですか。(いいえ)

　➡ 　いいえ、私は 韓国人ではありません。

　　　いいえ、金さんは 韓国人ではありません。

1 山田さんは 日本人ですか。(はい)

➡ _____

_____

2 金さんは 留学生ですか。(はい)

➡ _____

_____

3 李さんは 大学生ですか。(はい)

➡ _____

_____

4 チンさんは 先生ですか。(いいえ)

➡ _____

_____

5 スミス先生は 中国人ですか。(いいえ)

➡ _____

_____

4. 다음을 일본어로 고치세요.

① 처음 뵙겠습니다.

➡ _____

② 안녕하세요? (낮 인사)

➡ _____

③ 잘 부탁합니다.

➡ _____

④ 헬렌 씨는 미국인입니다.

➡ _____

⑤ 나는 대학생입니다.

➡ _____

5. 다음 일본어 문장을 우리말로 해석하세요.

① 金先生は 韓国人ですか。

➡ _____

② チンさんは 留学生です。

➡ _____

③ 山田さんは 一年生ではありません。

➡ _____

④ ブラウンさんは 日本人ではありません。

➡ _____

⑤ 中田さんは 会社員ではありませんか。

➡ _____

6. 잘 듣고 받아 적으세요. MP3

① _____

② _____

③ _____

④ _____

⑤ _____

おはようございます。(아침)

 こんにちは。(낮)　안녕하십니까?
안녕하세요?

 こんばんは。(밤)

 おやすみなさい。　안녕히 주무세요.

 どうもありがとうございます。
ありがとうございます。　고맙습니다.
ありがとう。

 すみません。
ごめんなさい。　미안합니다.

どういたしまして。　천만에요.

 いただきます。　잘 먹겠습니다.

 ごちそうさまでした。　잘 먹었습니다.

第1課　単語テスト

名前

01

02

03

04

05

06

07

08

09

10

11

12

13

14

15

16

17

18

19

20

제2과

これは辞書です

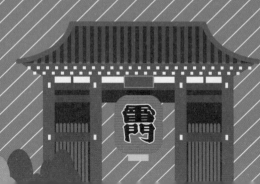

これは辞書です

교실에서 유학생 김혜미 양과 일본인 학생 다나카 군이 물건의 이름에 대해 묻고 답하고 있습니다.

金　田中さん、それは 何ですか。

田中　これは 辞書です。

金　これは 何ですか。

田中　それは 日本語の 雑誌です。

金　あれも 日本語の 雑誌ですか。

田中　どれですか。

金　あれです。

田中　あ、あれですか。あれは ノートです。

金　だれの ノートですか。

田中　私の ノートです。

金　これも 田中さんのですか。

田中　いいえ、それは 友達のです。

어휘					
それ		그것	何	なん/なに	무엇
これ		이것	辞書	じしょ	사전
日本語	にほんご	일본어	雑誌	ざっし	잡지
あれ		저것	～も		～도
どれ		어느 것	ノート		노트
だれ		누구	友達	ともだち	친구

文法と表現 ✿

1　Aは 何ですか。 A는 무엇입니까?

「Aは 何ですか。」는 A에 대한 정보를 물을 때 사용된다. A에는 지시대명사가
오는 일이 많다.

これは 何ですか。	이것은 무엇입니까?
それは 何ですか。	그것은 무엇입니까?
あれは 何ですか。	저것은 무엇입니까?

2　これ・それ・あれ・どれ

일본어의 지시사(指示詞)는 우리말과 마찬가지로 「こ(이)・そ(그)・あ(저)・ど
(어느)」의 네 종류로 나뉜다. 「～れ」의 형식으로 표현하면 사물을 나타내는 지시
대명사가 된다.

근칭(近称)	중칭(中称)	원칭(遠称)	부정칭(不定称)
これ 이것	それ 그것	あれ 저것	どれ 어느 것

말하는 사람 쪽에 가까운 것은 これ이고, 듣는 사람 쪽에 가까운 것은 それ, 양
자 모두와 떨어져 있는 것은 あれ이다.

A : これは 本^{ほん}ですか。　　　　이것은 책입니까?
B : はい、 それは 本です。　　　예, 그것은 책입니다.

A : それも 本ですか。　　　　　　　그것도 책입니까?
B : いいえ、これは 本ではありません。　아니오, 이것은 책이 아닙니다.

A : では、あれは 本ですか。　　　　그러면 저것은 책입니까?
B : いいえ、あれは ノートです。　　아니오, 저것은 노트입니다.

A : 中国語の 辞書は どれですか。　중국어 사전은 어느 것입니까?
B : 中国語の 辞書は これです。　　중국어 사전은 이것입니다.

A : これは だれの カメラですか。　이것은 누구의 카메라입니까?
B : それは 田中さんの カメラです。　그것은 다나카 씨의 카메라입니다.

3　も

「Aは Bです」라고 말한 후 「C」도 그렇다는 의미를 나타낼 때 も를 사용한다.

山田さんは 四年生です。　　　야마다 씨는 4학년입니다.
私も 四年生です。　　　　　　저도 4학년입니다.

マリさんは フランス人です。　마리 씨는 프랑스인입니다.
アンリさんも フランス人です。　앙리 씨도 프랑스인입니다.

私は 大学生です。　　　　　　나는 대학생입니다.
兄も 大学生です。　　　　　　형도 대학생입니다.

4　の

　명사와 명사 사이에 の를 넣으면 앞의 명사가 뒤의 명사를 수식하게 되며 소유나 동격의 의미를 나타낸다.

田中さんの 車 (くるま)	다나카 씨의 자동차		
友達の 本	친구의 책		

留学生の スミスさん	유학생인 스미스 씨
社長 (しゃちょう) の 中田さん	사장님인 나카다 씨

또 의가 앞에 나온 명사까지를 포함하는 경우도 있다.

これは だれの かばんですか。	이것은 누구의 가방입니까?
先生のです。	선생님 것입니다.
あれも 先生のですか。	저것도 선생님 것입니까?
いいえ、あれは 私のです。	아니오, 저것은 내 것입니다.

그러나 의를 우리말로 해석할 때는 표현되지 않는 경우도 많다. 또 서술어를 넣어 해석하지 않으면 부자연스러운 경우도 있다.

韓国語の 辞書	한국어 사전
英語の 先生	영어 선생님

昨日の 映画	어제 본 영화
今朝の 人	오늘 아침에 만났던 사람

어휘					
本	ほん	책	では		그러면
中国語	ちゅうごくご	중국어	カメラ		카메라
四年生	よねんせい	4학년	フランス人(じん)		프랑스인
兄	あに	형, 오빠	車	くるま	자동차
社長	しゃちょう	사장님	かばん		가방
韓国語	かんこくご	한국어	英語	えいご	영어
昨日	きのう	어제	映画	えいが	영화
今朝	けさ	오늘 아침	人	ひと	사람

練習

 1. 보기와 같이 질문에 답하세요.

 보기

> これは 何ですか。(本)
>
> ➡ それは 本です。

1 これは 何ですか。(辞書)

➡ _____

2 それは 何ですか。(かばん)

➡ _____

3 あれは 何ですか。(先生の車)

➡ _____

4 それは 何ですか。(友達のノート)

➡ _____

5 これは 何ですか。(山田さんの雑誌)

➡ _____

2. 보기와 같이 질문에 답하세요.

보기

> これは だれの 本ですか。(先生)
>
> ➡ それは 先生の 本です。
>
>   それは 先生のです。

① それは だれの 車ですか。(友達)

➡ _____

_____

② これは だれの 雑誌ですか。(山田さん)

➡ _____

_____

③ あれは だれの 本ですか。(兄)

➡ _____

_____

④ これは だれの かばんですか。(英語の 先生)

➡ _____

_____

⑤ それは だれの 辞書ですか。(留学生のチンさん)

➡ _____

_____

3. 보기와 같이 질문에 답하세요.

보기

これは 先生の 本ですか。(はい)
➡ はい、それは 先生の 本です。

それは 先生の 本ですか。(いいえ, 山田さん)
➡ いいえ、これは 先生の 本ではありません。
山田さんのです。

① これは 韓国語の 辞書ですか。(はい)

➡ _____

② それは 中田さんの かばんですか。(はい)

➡ _____

③ あれも 田中さんの 車ですか。(いいえ, 先生)

➡ _____

_____

4 それは スミスさんの 雑誌ですか。(いいえ、 中国語の先生)

➡ _____

_____

5 これも 先生の ノートですか。(いいえ、 私の友達)

➡ _____

_____

4. 긍정문은 부정문으로, 부정문은 긍정문으로 바꾸세요.

1 これは 先生の 辞書です。

➡ _____

2 ブラウンさんは 英語の 先生です。

➡ _____

3 それも 田中さんの 車です。

➡ _____

④ 金さんは 大学生ではありません。

➡ _____

⑤ あれは 山田さんの かばんではありません。

➡ _____

⑥ これも 先生の 本です。

➡ _____

⑦ ヘレンさんは 中国語の 先生です。

➡ _____

⑧ あれも 田中さんの ノートです。

➡ _____

⑨ 兄は 会社員ではありません。

➡ _____

⑩ あれは アンリさんの カメラではありません。

➡ _____

5. 일본어로 작문하세요.

1 이것은 일본어 책입니다.

➡ _____

2 그것도 영어 사전입니까?

➡ _____

3 저것은 누구의 차입니까?

➡ _____

4 아니오, 제 가방이 아닙니다.

➡ _____

5 이것도 친구의 노트입니다.

➡ _____

6. 다음을 해석하세요.

1 はい、それは 中国語の 先生の 本です。

➡ _____

2 これも 韓国語の 雑誌ですか。

➡ _____

3 あれは だれの かばんですか。

➡ _____

4 いいえ、私の カメラではありません。

➡ _____

5 あれは 何ですか。

➡ _____

7. 잘 듣고 받아 적으세요.

1 _____

2 _____

3 _____

4 _____

5 _____

발음에 주의

 어두(語頭)의 탁음(濁音)

일본어는 한국어와는 달리, 단어의 유성음인 탁음이 어두에 오는 경우가 있으므로 발음에 주의하여야 한다.

か/ が행, た/ だ행, ぱ/ ば행의 구별

かさ (傘)	がくせい (学生)
たいかい (大会)	だいがく (大学)
ぱらぱら	ばらばら

 어중(語中)의 청음(清音)

어중의 청음은 의외로 한국인들이 정확하게 발음하지 못하는 경우가 많으므로 발음에 유의하여야 한다.

せいかく (性格)	[seikaku]	○	[seigaku]	×
かんかく (感覚)	[kankaku]	○	[kangaku]	×
おおきく (大きく)	[o:kiku]	○	[o:giku]	×
かんこく (韓国)	[kankoku]	○	[kangoku]	×
さんぽ (散歩)	[sanpo]	○	[sanbo]	×

第2課　単語テスト

名前

① 01

② 02

③ 03

④ 04

⑤ 05

⑥ 06

⑦ 07

⑧ 08

⑨ 09

⑩ 10

⑪ 11

⑫ 12

⑬ 13

⑭ 14

⑮ 15

⑯ 16

⑰ 17

⑱ 18

⑲ 19

⑳ 20

教室に学生がいます

제3과

教室に学生がいます

야마다 선생님이 스즈키 군에게 학교 안을 안내하고 있습니다.

鈴木 この 部屋は 何ですか。

山田 ここは 学科の 事務室です。

鈴木 あちらの 部屋は。

山田 あそこは 図書室です。

鈴木 学生は どこに いますか。

山田 教室に います。

鈴木 何人 いますか。

山田 一人、二人、三人、三人 います。

鈴木 教室に 何が ありますか。

山田 机や いすなどが あります。

鈴木 机は いくつ ありますか。

山田 一つ、二つ、三つ、四つ、五つ ……

　　　たくさん あります。

鈴木 教室に テーブルも ありますか。

山田 いいえ、テーブルは ありません。

この		이	部屋	へや	방
ここ		여기	学科	がっか	학과
事務室	じむしつ	사무실	あちら		저쪽
あそこ		저기	図書室	としょしつ	도서실
学生	がくせい	학생	どこ		어디
います		있습니다	教室	きょうしつ	교실
何人	なんにん	몇 명	一人	ひとり	한 명
二人	ふたり	두 명	三人	さんにん	세 명
あります		(사물이) 있습니다.	机	つくえ	책상
いす		의자	など		등
いくつ		몇 개	たくさん		많이
テーブル		테이블	ありません		없습니다

文法と表現 ✿

1 こ・そ・あ・ど

「こ・そ・あ・ど」는 2과에서 배운 「これ, それ, あれ, どれ」와 같이 대명사로 사용되는 것 외에도 아래와 같이 다양하게 쓰인다.

	근칭	중칭	원칭	부정칭
＋ 명사	この 이	その 그	あの 저	どの 어느
장소를 나타냄	ここ 여기	そこ 거기	あそこ 저기	どこ 어디
방향을 나타냄	こちら 이쪽	そちら 그쪽	あちら 저쪽	どちら 어느쪽

この 部屋は 何ですか。　　　　　이 방은 무엇(무엇을 하는 곳)입니까?
その 本は 私のです。　　　　　　그 책은 내 것입니다.
あの 方は どなたですか。　　　　저 분은 누구십니까?
どの くつですか。　　　　　　　어느 신발입니까?

ここは 食堂です。　　　　　　　여기는 식당입니다.
そこは 先生の 研究室です。　　거기는 선생님의 연구실입니다.
あそこは デパートです。　　　　저기는 백화점입니다.
駅は どこですか。　　　　　　　역은 어디입니까?

こちらは 鈴木さんです。　　　　이쪽은 스즈키 씨입니다.
そちらの 部屋は 事務室です。　그쪽 방은 사무실입니다.
あちらが 図書室です。　　　　　저쪽이 도서실입니다.
グラウンドは どちらですか。　　운동장은 어느 쪽입니까?

2 ~に ~があります。~에 ~이 있습니다.
　　~に ~がいます。　~에 ~이 있습니다.

　어떤 장소에 무엇무엇이 있음을 나타내는 존재문이다. 일본어에는 존재를 나타내는 동사가 두 개 있다. 대상이 무생물 혹은 식물일 경우는 あります, 사람이나 그 밖의 동물일 경우는 います를 사용한다.

　に는 '~에'라는 의미로 장소나 시간을 나타내는 명사 뒤에 오는 조사이다.

机の 上に 本が あります。	책상 위에 책이 있습니다.
研究室に 本が たくさん あります。	연구실에 책이 많이 있습니다.
グラウンドに 子供が います。	운동장에 아이들이 있습니다.
公園に 猫も いますか。	공원에 고양이도 있습니까?

　あります와 います의 부정 표현은 각각 ありません과 いません이다.

かばんの 中に 雑誌は ありません。	가방 안에 잡지는 없습니다.
図書館に コンピューターは ありません。	도서관에 컴퓨터는 없습니다.
食堂に 先生は いません。	식당에 선생님은 없습니다.
学校に 犬は いません。	학교에 개는 없습니다.

3 일본어의 숫자

일본어의 숫자는 우리말과 마찬가지로 한자 숫자와 고유어 숫자가 있다. 또 사람을 셀 때는 두 사람까지는 고유어로 세고, 세 사람부터는 한자 숫자에 ~人(にん)을 붙여 읽는다.

한자어[漢語]		일본 고유어[和語]		사람수 세기	
一	いち	一つ	ひとつ	一人	ひとり
二	に	二つ	ふたつ	二人	ふたり
三	さん	三つ	みっつ	三人	さんにん
四	し/よん	四つ	よっつ	四人	よにん
五	ご	五つ	いつつ	五人	ごにん
六	ろく	六つ	むっつ	六人	ろくにん
七	しち/なな	七つ	ななつ	七人	しちにん/ななにん
八	はち	八つ	やっつ	八人	はちにん
九	きゅう/く	九つ	ここのつ	九人	きゅうにん
十	じゅう	十	とお	十人	じゅうにん

100	百	ひゃく
1000	千	せん
10000	万	まん

193	百九十三	ひゃくきゅうじゅうさん
480	四百八十	よんひゃくはちじゅう

3380	三千三百八十	さんぜんさんびゃくはちじゅう
6845	六千八百四十五	ろくせんはっぴゃくよんじゅうご

| 15000 | 一万五千 | いちまんごせん |
| 70500 | 七万五百 | ななまんごひゃく |

4　や

や는 사물을 열거할 때 사용하는 조사이다. 특히 열거하는 것 이외에도 다른 것이 있음을 나타내며 など를 동반하는 일이 많다.

や 이외에 사물을 열거할 때 쓰는 조사로 と가 있다. と는 대개 대상을 전부 열거하는 경우에 쓰인다는 점에서 や와는 조금 다르다.

테이블 위에 책과 노트가 있습니다

① 책과 노트 이외에 다른 것도 있을 수 있다.

テーブルの 上に 本や ノートが あります。

② 책과 노트만 있다.

テーブルの 上に 本と ノートが あります。

図書館に 辞書や 雑誌などが あります。　도서관에 사전이랑 잡지 등이 있습니다.

公園に 犬や 猫が います。　　　　　　　　공원에 개랑 고양이가 있습니다.

練習

1. 주어진 단어를 이용하여 보기와 같이 만드세요.

 보기

ここ、本

➡ ここに 本が あります。

公園、猫

➡ 公園に 猫が います。

❶ あそこ、車

➡ _____

❷ 事務室、コンピューター

➡ _____

❸ 食堂、友達

➡ _____

❹ 机の上、日本語の辞書

➡ _____

⑤ かばんの中、カメラ

➡ _____

⑥ 図書室、中国の人

➡ _____

⑦ そこ、私の雑誌

➡ _____

⑧ グラウンド、子供が三人

➡ _____

⑨ いすの上、本

➡ _____

⑩ 学校、フランス語の先生

➡ _____

2. 주어진 단어를 이용하여 보기와 같이 만드세요.

> ここ、本
> ➡ ここに 本は ありません。
>
> 公園、猫
> ➡ 公園に 猫は いません。

1 あそこ、雑誌

➡ _____

2 グラウンド、学生

➡ _____

3 机の上、英語の辞書

➡ _____

4 ここ、山田さん

➡ _____

5 私の学校、フランス人の先生

➡ _____

⑥ 教室の中、コンピューター

➡ _____

⑦ かばんの中、ノート

➡ _____

⑧ 図書室、中田さん

➡ _____

⑨ 事務室、留学生

➡ _____

⑩ テーブルの上、犬

➡ _____

---

3. 빈 칸에 알맞은 존재표현을 넣으세요.

❶ 机や いす などは どこに _____

❷ 図書館に 本が たくさん _____

❸ 公園に 犬が _____

❹ 英語の 先生は どこに _____

❺ 学生は 何人 _____

🖊 4. 일본어로 작문하세요.

❶ 여기는 학교입니다.

  ➡ _____

❷ 역은 어디입니까?

  ➡ _____

❸ 저기에 사람이 두 명 있습니다.

  ➡ _____

❹ 책상 위에 책이랑 노트 등이 있습니다.

  ➡ _____

❺ 연구실에 의자가 다섯 개 있습니다.

  ➡ _____

5. 다음 일본어 문장을 우리말로 해석하세요.

1 この 部屋は 何ですか。

➡ _____

2 あちらが 図書室ですか。

➡ _____

3 教室に 学生が 三人 います。

➡ _____

4 事務室に 何が ありますか。

➡ _____

5 食堂に テーブルと いすが たくさん あります。

➡ _____

6. 잘 듣고 받아 적으세요.

1 _____

2 _____

3 _____

4 _____

5 _____

발음에 주의

🌱 일본어의 장음

한국어에서 장음(長音, ちょうおん)은 표기에 반영되지 않는다. 그러나 일본어는 장음이 발음 뿐 아니라 표기에도 반영이 되어 장음과 단음이 단어의 의미를 구별하는 중요한 요소로 작용한다.

おばさん [obasaN] 아주머니	:	おばあさん [oba:saN] 할머니
おじさん [oʒisaN] 아저씨	:	おじいさん [oʒi:saN] 할아버지
ゆき [juki] 눈	:	ゆうき [ju:ki] 용기
ビル [biru] 빌딩	:	ビール [bi:ru] 맥주

한국인은 한국어 발음 습관으로 인해 장음을 정확하게 인식하지 못하는 경향이 있다. 장음은 다른 음절과 마찬가지로 한 음절을 구성한다는 것을 기억하고, 한 박자 길이만큼 발음하려고 노력하는 것이 필요하다.

🌱 촉음(っ)과 발음(ん)

촉음(促音, そくおん)과 발음(撥音, はつおん)도 한 음절을 구성하므로 한 박자 길이로 발음해야 한다. 우리말과 영어, 중국어 등은 한 음절이 자음으로 끝날 수 있는 폐음절(閉音節) 언어인데 비해, 일본어는 모음으로 끝나는 개음절(開音節) 언어이다. 촉음과 발음은 중국어의 영향으로 발생한 음으로 일본어에서도 특수한 음절에 속한다.

ほん	ほ / ん	2박자
かばん	か / ば / ん	3박자
なんがつ	な / ん / が / つ	4박자
あっ	あ / っ	2박자
ざっし	ざ / っ / し	3박자
いっぱい	い / っ / ぱ / い	4박자

第3課　単語テスト

名前

- ⑴
- ⑵
- ⑶
- ⑷
- ⑸
- ⑹
- ⑺
- ⑻
- ⑼
- ⑽
- ⑾
- ⑿
- ⒀
- ⒁
- ⒂
- ⒃
- ⒄
- ⒅
- ⒆
- ⒇

제4과

何時から何時までですか

ポイント───────────

1. 〜から 〜まで
2. 〜で 〜かかります
3. 〜時 〜分
4. 〜月 〜日 〜曜日

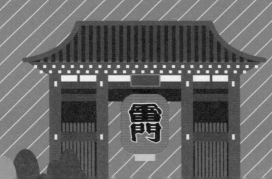

제4과 何時から何時までですか

야마모토 양이 다나카 군에게 스케줄에 대해 묻습니다.

山本　今日の授業は何時からですか。

田中　午前九時からです。

山本　明日の授業も九時からですか。

田中　いいえ、明日は十時半からです。

山本　授業は何曜日から何曜日までありますか。

田中　月曜日から金曜日まであります。

山本　日本語の授業は何曜日にありますか。

田中　火曜日と金曜日にあります。

山本　家から学校まで何分ぐらいかかりますか。

田中　電車で一時間十分かかります。

山本　今日は何月何日ですか。

田中　今日は五月四日です。

　　　明日は五月五日で、子供の日です。

어휘					
今日	きょう	오늘	授業	じゅぎょう	수업
何時	なんじ	몇 시	～から		～부터
午前	ごぜん	오전	明日	あした	내일
半	はん	반	何曜日	なんようび	무슨 요일
～まで		～까지	月曜日	げつようび	월요일
金曜日	きんようび	금요일	火曜日	かようび	화요일
家	うち/いえ	집	何分	なんぷん	몇 분
～くらい・ぐらい		～정도	かかりますか		걸립니까
電車	でんしゃ	전철	～で		～로, ～이고
何月	なんがつ	몇 월	何日	なんにち	며칠
日	ひ	날			

文法と表現 ✽

1　～から ～まで　～부터 ~까지

「～から ～まで」는 단독으로, 혹은 함께 사용되어 시간이나 장소의 시작과 끝을 나타낸다.

講義は何時から何時までですか。　　　강의는 몇 시부터 몇 시까지입니까?
春は何月から何月までですか。　　　　봄은 몇 월부터 몇 월까지입니까?
夏休みはいつからいつまでですか。　　여름방학은 언제부터 언제까지입니까?

2　～で ～かかります　～로 ~걸립니다

で는 수단을 나타내는 조사이다. '시간이 얼마 걸린다'는 かかります와 함께 쓰일 때 で 앞에는 다양한 교통수단이 온다.

山まではバスで二時間かかります。　　산까지는 버스로 2시간 걸립니다.
地下鉄で何分かかりますか。　　　　　지하철로 몇 분 걸립니까?
市内までタクシーで十五分かかります。　시내까지 택시로 15분 걸립니다.

3 ~時 ~分

1時	2時	3時	よじ4時

5時	6時	7時	8時

くじ9時	10時	11時	12時

1시 20분	一時二十分	いちじ にじゅっ(じっ)ぷん
3시 45분	三時四十五分	さんじ よんじゅうごふん
8시 13분	八時十三分	はちじ じゅうさんぷん
12시반	十二時半	じゅうにじはん

今、何時何分ですか。　　　　　지금 몇 시 몇 분입니까?

午後三時四十五分です。　　　오후 3시 45분입니다

会議は午前九時から十時までです。　회의는 오전 9시부터 10시까지입니다.

文法の授業は十二時半から一時十五分までです。

　　　　　　　　　문법 수업은 12시 반부터 1시 15분까지입니다.

4 ~月 ~日 ~曜日

❶ 월 읽기

1月　2月　3月　4月(しがつ)　5月　6月　7月(しちがつ)　8月　9月(くがつ)　10月(じゅうがつ)　11月　12月

❷ 일·요일 읽기

月曜日(げつようび)	火曜日(かようび)	水曜日(すいようび)	木曜日(もくようび)	金曜日(きんようび)	土曜日(どようび)	日曜日(にちようび)
		1日 ついたち	2日 ふつか	3日 みっか	4日 よっか	5日 いつか
6日 むいか	7日 なのか	8日 ようか	9日 ここのか	10日 とおか	11日 じゅういちにち	12日 じゅうににち
13日 じゅうさんにち	14日 じゅうよっか	15日 じゅうごにち	16日 じゅうろくにち	17日 じゅうしちにち	18日 じゅうはちにち	19日 じゅうくにち
20日 はつか	21日 にじゅういちにち	22日 にじゅうににち	23日 にじゅうさんにち	24日 にじゅうよっか	25日 にじゅうごにち	26日 にじゅうろくにち
27日 にじゅうしちにち	28日 にじゅうはちにち	29日 にじゅうくにち	30日 さんじゅうにち	31日 さんじゅういちにち		

今日(きょう)は三月十四日(さんがつじゅうよっか)です。　　　오늘은 3월 14일입니다.

私の誕生日(たんじょうび)は七月二十日(しちがつはつか)です。　내 생일은 7월 20일입니다.

어휘					
講義	こうぎ	강의	春	はる	봄
夏休み	なつやすみ	여름방학	いつ		언제
山	やま	산	バス		버스
地下鉄	ちかてつ	지하철	市内	しない	시내
タクシー		택시	今	いま	지금
午後	ごご	오후	会議	かいぎ	회의
文法	ぶんぽう	문법	誕生日	たんじょうび	생일

練習

  1. 다음을 보기와 같이 한자와 ひらがな로 쓰시오.

 보기
> 1월 1일
> ➡ 一月 一日、いちがつ ついたち

① 2월 2일

➡ _____、_____

② 8월 15일

➡ _____、_____

③ 3월 3일

➡ _____、_____

④ 12월 4일

➡ _____、_____

⑤ 7월 17일

➡ _____、_____

2. 다음을 보기와 같이 한자와 ひらがな로 쓰시오.

보기

5:25

➡ 五時二十五分、
　　ごじ　にじゅうごふん

① 10:57

➡ _____

② 12:38

➡ _____

③ 8:43

➡ _____

④ 1:15

➡ _____

⑤ 11:29

➡ _____

3. 다음 질문에 알맞게 일본어로 답하세요.

① 授業は何曜日にありますか。

➡ _____

② 日本語の授業は何時から何時までですか。

➡ _____

③ 今何時何分ですか。

➡ _____

④ 今日は何月何日ですか。

➡ _____

⑤ 明日は何曜日ですか。

➡ _____

⑥ 明日は何月何日ですか。

➡ _____

7 誕生日は何月何日ですか。

➡ _____

8 友達の誕生日は何月何日ですか。

➡ _____

9 家から学校まで何分ぐらいかかりますか。

➡ _____

10 教室から図書館まで何分かかりますか

➡ _____

4. 일본어로 작문하세요.

1 식당은 몇 시부터 몇 시까지입니까?

➡ _____

2 화요일 수업은 9시부터 4시15분까지입니다.

➡ _____

③ 여름방학은 몇 월부터 몇 월까지입니까?

➡ _____

④ 여기서부터 역까지 15분 걸립니다.

➡ _____

⑤ 공원까지는 30분 걸립니다.

➡ _____

5. 다음 일본어 문장을 우리말로 해석하세요.

① 今日は三月三日です。

➡ _____

② 明日は十一月八日の金曜日です。

➡ _____

③ 友達の誕生日は十二月二十五日です。

➡ _____

4 タクシーで一時間かかります。

➡ _____

5 今午後五時三十分です。

➡ _____

6. 잘 듣고 받아 적으세요. MP3

1 _____

2 _____

3 _____

4 _____

5 _____

第4課　単語テスト

名前

01

02

03

04

05

06

07

08

09

10

11

12

13

14

15

16

17

18

19

20

제5과

いい天気ですね

ポイント ─────────────────

1. い형용사
2. ね
3. から
4. が
5. 비교표현

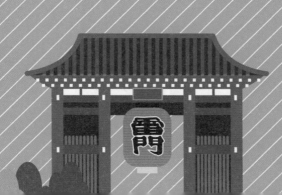

제5과

いい天気ですね

유학생 김혜미 양과 야마다 선생님이 날씨에 대해 이야기를 나누고 있습니다.

金　今日はほんとうに天気がいいですね。

山田　ええ、暖かくて、とてもいい天気ですね。

金　もう四月ですから。

　　ところで、京都の天気はどうですか。

山田　京都も春は暖かいですが、

　　夏はソウルより暑いです。

金　冬は寒くないですか。

山田　京都の冬はけっこう寒いです。

金　ところで、京都とソウルとどちらが大きいですか。

山田　そうですね。

　　京都も大きいですが、

　　ソウルのほうがもっと大きいです。

金　物価はどうですか。

山田　ソウルの物価も高いですが、京都も安くはありません。

ほんとうに		정말로	天気	てんき	날씨
いい		좋다	暖かい	あたたかい	따뜻하다
とても		매우	もう		벌써, 이미
ところで		그런데(화제전환)	京都	きょうと	교토
より		보다	暑い	あつい	덥다
冬	ふゆ	겨울	寒い	さむい	춥다
けっこう		꽤	どちら		어느 쪽
大きい	おおきい	크다	ほう		쪽
もっと		보다 더, 좀 더	物価	ぶっか	물가
高い	たかい	높다, 비싸다	安い	やすい	싸다

文法と表現 ✿

1　い형용사

상태나 모양을 나타내는 말을 형용사라고 하는데, 일본어에는 い형용사와 な형용사가 있다.

い형용사 : 어간・い
な형용사 : 어간・だ

い형용사와 な형용사 모두 명사를 수식하거나 형용사문을 만든다. 의미면에서는 차이가 없으나 어미가 다르고 활용이 다르다. 특히 명사를 수식할 때 い형용사는 기본형「～い」로 수식을 하지만 な형용사는「～な」로 수식하므로 각각 い형용사・な형용사라고 부른다.

い형용사 : 어간・い + 명사
な형용사 : 어간・な + 명사

い형용사의 정중문과 부정표현은 다음과 같다.「～くないです」가「～くありません」보다 구어적인 표현이다.

広い	ひろいです。	넓습니다.
	ひろくありません。	넓지 않습니다.
	ひろくないです。	
狭い	せまいです。	좁습니다.
	せまくありません。	좁지 않습니다.
	せまくないです。	

新しい　あたらしいです。　　　　새롭습니다.
　　　あたらしくありません。　새롭지 않습니다.
　　　あたらしくないです。

い형용사는 다음과 같이 활용한다.

활용형	형　　태
부정형	い형용사 어간 ・ く ＋ ない
연용형	い형용사 어간 ・ く い형용사 어간 ・ く ＋ て
종지형	い형용사 어간 ・ い
연체형	い형용사 어간 ・ い ＋ 명사

大きい　　おおき　く　　ない　　　크지 않다
　　　　　おおき　く　　　　　　　크게
　　　　　おおき　く　　て　　　　크고, 커서
　　　　　おおき　い　　　　　　　크다
　　　　　おおき　い　　ケーキ　　큰 케이크

小さい　　ちいさ　く　　ない　　　작지 않다
　　　　　ちいさ　く　　　　　　　작게
　　　　　ちいさ　く　　て　　　　작고, 작아서
　　　　　ちいさ　い　　　　　　　작다
　　　　　ちいさ　い　　声　　　　작은 목소리

おいしい　おいし　く　　ない　　　맛있지 않다
　　　　　おいし　く　　　　　　　맛있게
　　　　　おいし　く　　て　　　　맛있고, 맛있어서
　　　　　おいし　い　　　　　　　맛있다
　　　　　おいし　い　　ジュース　맛있는 주스

문장 끝에 쓰여서 화자의 감정, 의지를 담아 표현하는 종조사로 '~군요', '~네요'라는 뜻이다. 또 상대가 동의해줄 것으로 기대하며 가볍게 묻는 표현에도 사용할 수 있다. 이때는 '~지요?'라고 해석된다.

| 空が青いですね。 | 하늘이 파랗네요. |
| 彼は背が高いですね。 | 그는 키가 크네요. |

| 今日は火曜日ですね。 | 오늘은 화요일이지요? |
| 課長は明日休みですね。 | 과장님은 내일 휴가지요? |

이유를 나타내는 조사이다.

A : 今日はデパートに人が多いですね。 오늘은 백화점에 사람이 많군요.
B : 土曜日ですから。　　　　　　　　토요일이니까요.

A : このレストランはいつも人が多いですね。

　　　　　　　　　　　　　　　　　이 레스토랑은 언제나 사람이 많군요.
B : ええ、とてもおいしいですから。　예, 매우 맛있으니까요.

が는 종지형에 붙어서 앞뒤의 문장을 연결해주는 접속조사이다. 이 때 전후의 문장이 반대의 내용이 오는 경우도 있으나, 전후문장을 단순히 연결해주는 역할만을 하기도 한다.

昼は暖かいですが、夜は寒いです。　　　낮은 따뜻하지만 밤은 춥습니다.

これは新しいですが、それは古いです。　이것은 새것이지만 그것은 오래됐습니다.

すみませんが、駅はどこですか。　　　미안하지만 역은 어디입니까?

失礼ですが、山田さんいますか。　　실례지만 야마다 씨 있습니까?

5	~は~より~　　　　　　　~는~ 보다 ~ ~より~(のほう)が~　~ 보다 ~(쪽)이 ~

두 가지를 비교하여 나타낼 때 사용하는 표현이다.

りんごはなしより安いです。　　　사과는 배보다 쌉니다.

この本はその本より新しいです。　이 책은 그 책보다 새것입니다.

姉より私のほうが背が高いです。　언니보다 내 쪽이 키가 큽니다.

ソウルより東京のほうが暑いです。서울보다 동경 쪽이 덥습니다.

어휘						
広い	ひろい	넓다	狭い	せまい	좁다
新しい	あたらしい	새롭다	ケーキ		케이크
小さい	ちいさい	작다	声	こえ	목소리
おいしい		맛있다	ジュース		주스
空	そら	하늘	青い	あおい	파랗다
背	せ	키	課長	かちょう	과장
デパート		백화점	人	ひと	사람
多い	おおい	많다	レストラン		레스토랑
いつも		언제나	昼	ひる	점심, 낮
夜	よる	밤	古い	ふるい	낡다
失礼	しつれい	실례	りんご		사과
なし		배	姉	あね	언니, 누나

練習

 1. い형용사의 활용을 다음 표 안에 써 넣으세요.

①

<ruby>高<rt>たか</rt></ruby>い	<ruby>安<rt>やす</rt></ruby>い	<ruby>新<rt>あたら</rt></ruby>しい	<ruby>古<rt>ふる</rt></ruby>い
たかくない			
たかく			
たかくて			
たかい			
たかい 명사			

②

<ruby>暖<rt>あたた</rt></ruby>かい	<ruby>暑<rt>あつ</rt></ruby>い	<ruby>寒<rt>さむ</rt></ruby>い	おいしい

2. 보기와 같이 문장을 바꾸세요.

> 보기
>
> これは新しいです。
>
> ➡ 新しいのはこれです。

1 これは古いです。

➡ _____

2 それは大きいです。

➡ _____

3 あれは青いです。

➡ _____

4 それは高いです。

➡ _____

5 これはおいしいです。

➡ _____

3. 보기와 같이 바꾸세요.

보기

この本　新しい

➡　この本は新しいです。

この本は新しくないです。

この本は新しくありません。

1 このりんご　おいしい

➡　_____

_____

_____

2 ソウルの物価　高い

➡　_____

_____

_____

3 あの部屋　狭い

➡　_____

_____

_____

④ 学校のグラウンド　広い

➡ _____

_____

_____

⑤ 兄の車　安い

➡ _____

_____

_____

⑥ 夏　暑い

➡ _____

_____

_____

⑦ 東京の冬　寒い

➡ _____

_____

_____

⑧ 姉のかばん　古い

➡ _____

_____

_____

⑨ 学生食堂　大きい

➡ _____

_____

_____

⑩ 春　暖かい

➡ _____

_____

_____

4. 일본어로 작문하세요.

① 여름은 덥고 겨울은 춥습니다.

➡ _____

② 이 방은 좁지 않습니다

➡ _____

③ 이것은 저것보다 맛있습니다.

➡ _____

④ 아침은 춥지만 낮은 따뜻합니다.

➡ _____

⑤ 형보다 내 쪽이 키가 큽니다.

➡ _____

5. 다음 일본어 문장을 우리말로 해석하세요.

① 私のコンピューターは新しいです。

➡ _____

② 先生の研究室は広くありません。

➡ _____

③ 失礼ですが、事務室にスミスさん、いますか。

➡ _____

④ 物価はソウルより高いです。

➡ _____

⑤ 今日はほんとうにいい天気ですね。

➡ _____

6. 잘 듣고 받아 적으세요.

① _____

② _____

③ _____

④ _____

⑤ _____

第5課　単語テスト

名前

01　　　　　　　　　　　　　02

03　　　　　　　　　　　　　04

05　　　　　　　　　　　　　06

07　　　　　　　　　　　　　08

09　　　　　　　　　　　　　10

11　　　　　　　　　　　　　12

13　　　　　　　　　　　　　14

15　　　　　　　　　　　　　16

17　　　　　　　　　　　　　18

19　　　　　　　　　　　　　20

料理が上手ですね

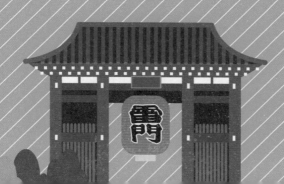

제6과

料理が上手ですね

유학생인 김혜미 양이 일본인 친구 스즈키 군에게
카레를 만들어서 대접하면서 나누는 대화입니다.

鈴木　このカレー、おいしいですね。

金　　そうですか。よかった。

鈴木　金さんは料理が上手ですね。

金　　いいえ、好きですけど、上手ではありません。

鈴木　金さんは食べ物の中で、何がいちばん好きですか。

金　　私はすしが大好きです。鈴木さんは。

鈴木　私は熱くて辛いものが好きです。トッポキとか。

金　　甘いものはどうですか。

鈴木　今はあまり好きではありません。

金　　ところで、新しい部屋はどうですか。

鈴木　静かできれいです。

金　　交通は便利ですか。

鈴木　地下鉄の駅が遠いので、あまり便利ではありません。

어휘				
カレー		카레	よかった	잘 됐다, 다행이다
料理	りょうり	요리	上手だ　じょうずだ	잘하다, 능숙하다
好きだ	すきだ	좋아하다	けど	~지만
食べ物	たべもの	음식	いちばん	제일
すし		초밥	大好きだ だいすきだ	매우 좋아하다
熱い	あつい	뜨겁다	辛い　　からい	맵다
もの		것, 물건	トッポキ	떡볶이
甘い	あまい	달다	あまり(+부정)	그다지(~하지 않다)
静かだ	しずかだ	조용하다	きれいだ	깨끗하다, 예쁘다
交通	こうつう	교통	便利だ　べんりだ	편리하다
遠い	とおい	멀다	~ので	~때문에

1 　な형용사

　형용사 중 명사를 수식할 때 어미가 「な」로 활용하는 형용사를 「な형용사」라고 한다. な형용사의 기본형은 「어간·だ」의 형태로 구성되어 있다.
　な형용사는 형용동사라고 불리기도 한다.

　な형용사문은 명사문과 마찬가지로 だ의 정중형 です를 붙여서 정중한 문장을 만든다. 부정문은 명사 부정문과 마찬가지로 「ではありません・ではないです」 이다.

この街はにぎやかです。	이 거리는 번화합니다.
この街はにぎやかではありません。	이 거리는 번화하지 않습니다.
この街はにぎやかではないです。	
弟は元気です。	남동생은 건강합니다.
弟は元気ではありません。	남동생은 건강하지 않습니다.
弟は元気ではないです。	
お酒は嫌いです。	술은 싫어합니다.
お酒は嫌いではありません。	술은 싫어하지 않습니다.
お酒は嫌いではないです。	

な형용사는 또한 다음과 같이 활용한다.

활용형	형 태
부정형	な형용사 어간・ではない
연용형	な형용사 어간・に な형용사 어간・で
종지형	な형용사 어간・だ
연체형	な형용사 어간・な ＋ 명사

好きだ	すき	ではない	좋아하지 않는다
	すき	に	좋아하게
	すき	で	좋아하고, 좋아해서
	すき	だ	좋아하다
	すき	な 食べ物	좋아하는 음식

静かだ	しずか	ではない	조용하지 않다
	しずか	に	조용하게
	しずか	で	조용하고, 조용해서
	しずか	だ	조용하다
	しずか	な 部屋	조용한 방

有名だ	ゆうめい	ではない	유명하지 않다
	ゆうめい	に	유명하게
	ゆうめい	で	유명하고, 유명해서
	ゆうめい	だ	유명하다
	ゆうめい	な 人	유명한 사람

형용사의 연결

い형용사는 「어간·く + て」의 형태로, な형용사는 「어간·で」의 형태로 연결된다.

안 安くて便利なスーパー   싸고 편리한 슈퍼
広くてきれいな部屋   넓고 깨끗한 방

元気で明^{あか}るい子供   건강하고 밝은 아이
親切^{しんせつ}で優^{やさ}しい先生   친절하고 상냥한 선생님

3   **~とか   ~라든가**

'~라든가'라는 뜻의 조사로 여러 개의 명사를 나열할 때 쓰인다.

鉛筆^{えんぴつ}とかボールペンとか   연필이라든가 볼펜이라든가
パソコンとかプリンターとか   컴퓨터라든가 프린터라든가

4   **あまり~부정   그다지 ~하지 않다**

あまり는 정도를 나타내는 부사로, 부정표현과 호응할 경우에는 '그다지(별로) ~하지 않다'로 해석된다.

あの歌手^{か しゅ}はあまり有名ではありません。   저 가수는 그다지 유명하지 않습니다.
今日はあまり暖かくありません。   오늘은 그다지 따뜻하지 않습니다.

5 ~ので ~이므로

ので는 から와 마찬가지로 이유를 나타내는 조사인데 から에 비해서 객관적인 이유를 들 때 사용된다.

駅から遠いので、交通は不便です。　역에서 멀어서 교통은 불편합니다.

あの本屋は学校から近いので、とても便利です。

저 서점은 학교에서 가까워서 매우 편리합니다.

6 ~が 好きだ・嫌いだ・上手だ・下手だ

'좋아하다・싫어하다', '잘한다・못한다' 등의 단어 앞에서 우리말은 조사 '을(를)'을 취한다. 그러나 일본어의 경우 好きだ・嫌いだ, 上手だ・下手だ 앞에서 조사 が를 취하므로 주의해야 한다.

映画が好きです。　　　영화를 좋아합니다.

甘いものが嫌いです。　단 것을 싫어합니다.

中国語が上手です。　　중국어를 잘 합니다.

料理は下手です。　　　요리는 잘 못합니다.

어휘					
街	まち	거리	にぎやかだ		번화하다, 번잡하다
弟	おとうと	남동생	元気だ	げんきだ	건강하다
お酒	おさけ	술	嫌いだ	きらいだ	싫어하다
有名だ	ゆうめいだ	유명하다	スーパー		슈퍼
明るい	あかるい	밝다	親切だ	しんせつだ	친절하다
優しい	やさしい	상냥하다	鉛筆	えんぴつ	연필
ボールペン		볼펜	パソコン		퍼스널컴퓨터
プリンター		프린터	歌手	かしゅ	가수
不便だ	ふべんだ	불편하다	本屋	ほんや	서점
近い	ちかい	가깝다	下手だ	へただ	잘 못한다

練習

 1. な형용사의 활용을 다음 표 안에 써 넣으세요.

①
好^すきだ	きれいだ	静^{しず}かだ	にぎやかだ
すきではない			
すきに			
すきで			
すきだ			
すきな 명사			

②
元気^{げんき}だ	便利^{べんり}だ	不便^{ふべん}だ	有名^{ゆうめい}だ

2. 주어진 단어를 활용하여 보기와 같이 바꾸세요.

> 보기
>
> 熱い　辛い　もの　好きだ
> ➡ 熱くて辛いものが好きです。

1 大きい　きれいだ　部屋　好きだ

➡ _____

2 元気だ　明るい　学生　好きだ

➡ _____

3 優しい　親切だ　人　大好きだ

➡ _____

4 不便だ　狭い　教室　嫌いだ

➡ _____

5 車が多い　にぎやかだ　街　嫌いだ

➡ _____

3. 다음 ( )에 적당한 말을 보기에서 골라 넣으시오.

보기
から　とか　ので　より　が　に　や　と　も　の

① この店には、うどん＿＿＿＿＿＿そばなどがあります。

② キムチは辛い＿＿＿＿＿＿あまり好きではありません。

③ テーブルの上にりんご＿＿＿＿＿＿なしがあります。

④ 私はケーキ＿＿＿＿＿＿大好きです。

⑤ 教室＿＿＿＿＿＿中国人の留学生が二人います。

⑥ 駅は学校＿＿＿＿＿＿遠くないです。

⑦ ソウルの冬は東京の冬＿＿＿＿＿＿寒いです。

⑧ すし＿＿＿＿＿＿さしみ＿＿＿＿＿＿はありませんか。

⑨ 三年生は一人＿＿＿＿＿＿いません。

⑩ 友達＿＿＿＿＿＿田中君は図書室にいます。

4. 일본어로 작문하세요.

1 공원은 밤에는 매우 조용합니다.

➡ _____

2 우리 학교는 언제나 깨끗합니다.

➡ _____

3 지금은 단 것을 싫어합니다.

➡ _____

4 역이 멀지 않아서 교통이 편리합니다.

➡ _____

5 좋아하는 음식은 무엇입니까?

➡ _____

5. 다음 일본어를 우리말로 해석하세요.

1 りんごも嫌いではありません。

➡ _____

② 辛いものより甘いものが好きです。

➡ _____

③ スーパーがないので不便です。

➡ _____

④ 食べ物の中で何がいちばん好きですか。

➡ _____

⑤ このトッポキはあまり辛くありません。

➡ _____

6. 잘 듣고 받아 적으세요. MP3

① _____

② _____

③ _____

④ _____

⑤ _____

第6課　単語テスト

名前

01
02

03
04

05
06

07
08

09
10

11
12

13
14

15
16

17
18

19
20

형용사 총정리

い형용사		
青い	あおい	파랗다
明るい	あかるい	밝다
暖かい	あたたかい	따뜻하다
新しい	あたらしい	새롭다
暑い	あつい	덥다
熱い	あつい	뜨겁다
甘い	あまい	달다
いい		좋다
おいしい		맛있다
多い	おおい	많다
大きい	おおきい	크다
辛い	からい	맵다
寒い	さむい	춥다
狭い	せまい	좁다
高い	たかい	높다, 비싸다
小さい	ちいさい	작다
近い	ちかい	가깝다
遠い	とおい	멀다
広い	ひろい	넓다
古い	ふるい	낡다
優しい	やさしい	상냥하다
安い	やすい	싸다

な형용사		
嫌いだ	きらいだ	싫어하다
きれいだ		깨끗하다, 예쁘다
元気だ	げんきだ	건강하다
静かだ	しずかだ	조용하다
親切だ	しんせつだ	친절하다
上手だ	じょうずだ	잘한다
好きだ	すきだ	좋아하다
大好きだ	だいすきだ	매우 좋아하다
にぎやかだ		번화하다
不便だ	ふべんだ	불편하다
下手だ	へただ	잘 못하다
便利だ	べんりだ	편리하다
有名だ	ゆうめいだ	유명하다

제7과

毎朝七時に起きます

제7과

毎朝七時に起きます

다나카 군과 노무라 양이 하루 일과와 가족관계에 대해 이야기를 나누고 있습니다.

田中　野村さんは朝早く起きますか。

野村　私は毎朝七時に起きます。

田中　夜は何時に寝ますか。

野村　十一時頃寝ます。

田中　夕ご飯は何時頃食べますか。

野村　六時から七時の間に食べます。

　　　夕ご飯の後は、家族といっしょにテレビを見ます。

田中　野村さんは何人家族ですか。

野村　五人家族です。父、母、姉、弟、そして私です。

田中　弟さんはおいくつですか。

野村　十二歳です。来年、中学生になります。

田中　お姉さんは。

野村　大学四年生です。

　　　姉はこれから忙しくなります。

어휘						
朝	あさ	아침	早く	はやく	일찍	
毎朝	まいあさ	매일 아침	起きる	おきる	일어나다	
夜	よる	밤	寝る	ねる	자다	
~頃	ころ/ごろ	~경, 무렵	夕ご飯	ゆうごはん	저녁밥	
食べる	たべる	먹다	~間	あいだ	~동안, 사이	
後	あと	후, 나중	家族	かぞく	가족	
~といっしょに		~와 함께	テレビ		텔레비전	
見る	みる	보다	父	ちち	(자신의) 아버지	
母	はは	(자신의) 어머니	弟	おとうと	(자신의) 남동생	
そして		그리고	弟さん	おとうとさん	(남의) 남동생	
いくつ		몇 살, 몇 개	歳	さい	~살	
来年	らいねん	내년	中学生	ちゅうがくせい	중학생	
なります		됩니다, 집니다	お姉さん	おねえさん	(남의) 누나, 언니	
これから		앞으로	忙しい	いそがしい	바쁘다	

文法と表現 ❀

1 동사 1 : 1단활용동사

　일본어 동사는 기본형이 う단(段)으로 끝나며 형태적 특징과 활용형태에 따라 1단활용동사(一段活用動詞), 5단활용동사(五段活用動詞), 불규칙활용동사(不規則活用動詞)의 세 가지로 나뉜다.

　1단활용동사는 어미가 る(ru)로 끝나며 る 바로 앞의 모음이 い段 혹은 え段인 동사를 가리킨다.

見る	起きる	できる	降りる	借りる
食べる	寝る	出る	開ける	教える

　1단활용동사의 활용은 어미 る를 탈락시키고 어간에 ない, ます 등을 결합시킨다.

見る	み	ない	보지 않는다	: 부정형
	み	ます	봅니다	: ます형

2 ます・ますか

　ます는 정중한 표현을 만들며 우리말 '～(ㅂ)니다'에 해당한다. 동사가 ます와 결합하기 위해 활용한 형태를 동사의 ます형[連用形]이라고 부른다. 의문형은 의문을 나타내는 조사 か를 붙여 표현한다.

1단활용동사에 ます를 결합시켜 보자.

見る	みる	→	み +ます	⇒	みます	
起きる	おきる	→	おき +ます	⇒	おきます	
食べる	たべる	→	たべ + ます	⇒	たべます	
寝る	ねる	→	ね +ます	⇒	ねます	

3 ~といっしょに ~와 함께

とは '~와'의 의미를 나타내는 조사이다. いっしょに와 함께 ~といっしょに로
사용되어 '~와 함께'라는 의미로 쓰인다.

友達と映画を見ます。　　　친구와 영화를 봅니다.

姉といっしょにご飯を食べます。　언니(누나)와 함께 밥을 먹습니다.

4 ~なります　　~됩니다・~집니다.

~なります는 '~됩니다・~집니다'라는 의미로 다음과 같이 명사, い형용사, な
형용사와 함께 사용할 수 있다.

명사 + に + なります

英語の先生になります。　　　영어 선생님이 됩니다.

今度大学生になります。　　　이번에 대학생이 됩니다.

い형용사어간・く + なります

美しくなります。　　　아름다워집니다.

顔が赤くなります。　　　얼굴이 빨갛게 됩니다.

な형용사어간・に + なります

彼女のことがどんどん好きになります。　그녀가 점점 좋아집니다.

夜は静かになります。　밤에는 조용해집니다.

5　가족호칭

일본어에서 가족의 호칭은 내 가족을 남에게 소개할 때와 남의 가족을 지칭할 때가 엄격히 다르다. 이는 일본어의 경어체계와 관련이 있다. 일본어에서는 나를 비롯한 내 쪽 사람을 말할 때는 낮추어 말하고, 상대편 쪽은 높여 말한다. 즉, 상대경어 체계를 갖고 있다. 이에 비해 한국어는 절대경어 체계를 갖고 있어서 나의 가족이든 상대편 사람이든 화자 보다 연장자이면 높여서 말한다.

彼のお母さんはとても優しいです。　그의 어머니는 매우 상냥합니다.

母はとても厳しいです。　(우리) 엄마는 매우 엄합니다.

先生の奥さんはデザイナーです。　선생님 사모님은 디자이너입니다.

家内は息子といっしょにいます。　집사람은 아들과 같이 있습니다.

어휘					
できる		할 수 있다, 가능하다	降りる	おりる	내리다
借りる	かりる	빌리다	出る	でる	나가다
開ける	あける	열다	教える	おしえる	가르치다
今度	こんど	이번	美しい	うつくしい	아름답다
顔	かお	얼굴	赤い	あかい	빨갛다
彼女	かのじょ	그녀	どんどん		점점
お母さん	おかあさん	어머니	厳しい	きびしい	엄하다
奥さん	おくさん	(남의) 부인	デザイナー		디자이너
家内	かない	집사람	息子	むすこ	아들

練習

1. 주어진 동사를 보기와 같이 고치세요.

 보기

金さんは七時に (起きる)

➡ 金さんは　七時に　起きます。

　　金さんは　七時に　起きますか。

1 夕ご飯はすしを (食べる)

➡ _____

_____

2 八時に家を (出る)

➡ _____

_____

3 妹はテレビを (見る)

➡ _____

_____

④ 十時にレストランを (開ける)

➡ _____

_____

⑤ いっしょにバスを (降りる)

➡ _____

_____

⑥ 奥さんは日本語を (教える)

➡ _____

_____

⑦ 明日本を (借りる)

➡ _____

_____

⑧ 今日は九時に (寝る)

➡ _____

_____

⑨ 英語が (できる)

➡ _____

_____

⑩ 毎朝六時半に (起きる)

➡ _____

_____

2. 주어진 단어를 알맞게 활용시켜서 빈 칸에 써 넣으세요.

❶ 彼のことがどんどん＿＿＿＿＿＿なります。(好きだ)

❷ 弟は今度＿＿＿＿＿＿なります。(会社員)

❸ 部屋がとても＿＿＿＿＿＿なります。(広い)

❹ 彼は＿＿＿＿＿＿なります。(英語の先生)

❺ 夜はとても＿＿＿＿＿＿なります。(にぎやかだ)

❻ 子供が＿＿＿＿＿＿なります。(大きい)

❼ 顔が＿＿＿＿＿＿なります。(赤い)

❽ 料理が＿＿＿＿＿＿なります。(上手だ)

⑨ 天気が＿＿＿＿＿＿＿なります。(いい)

⑩ 来年＿＿＿＿＿＿＿なります。(四年生)

---

3. 보기에서 적당한 조사를 골라 넣으세요. (중복가능)

┌─ 보기 ──────────────────────────────┐
　が　を　に　て　で　と　は　の　も　でも　より　まで
└──────────────────────────────────┘

① 私＿＿＿＿＿＿姉＿＿＿＿＿＿朝早く起きます。

② 弟＿＿＿＿＿＿パソコン＿＿＿＿＿＿借ります。

③ かばん＿＿＿＿＿＿中＿＿＿＿＿＿本＿＿＿＿＿＿たくさんあります。

④ このケーキ、彼女＿＿＿＿＿＿いっしょに食べます。

⑤ 父＿＿＿＿＿＿兄のほうが背が高いです。

⑥ 午後、友達＿＿＿＿＿＿出かけます。

⑦ 四時半＿＿＿＿＿＿日本語＿＿＿＿＿＿授業＿＿＿＿＿＿あります。

⑧ 夜＿＿＿＿＿＿何時＿＿＿＿＿＿寝ますか。

⑨ 公園＿＿＿＿＿＿三十分かかります。

⑩ いつも＿＿＿＿＿＿ご飯ですが、パン＿＿＿＿＿＿食べます。

4. 일본어로 작문하세요.

1 스미스 씨 가족은 몇 명입니까?

➡ _____

2 노무라 씨의 아버님은 회사원입니다.

➡ _____

3 (나의) 어머니는 요리를 잘 합니다.

➡ _____

4 형님은 몇 살이세요?

➡ _____

5 남동생과 같이 먹습니다.

➡ _____

5. 다음 일본어 문장을 우리말로 해석하세요.

1 月曜日は何時に起きますか。

➡ _____

2 何時から何時まで寝ますか。

➡ _____

3 昼ご飯は十二時から一時の間に食べます。

➡ _____

4 夜はいつもテレビを見ます。

➡ _____

5 友達が教室のドアを開けます。

➡ _____

6. 잘 듣고 받아 적으세요.

1 _____

2 _____

3 _____

4 _____

5 _____

おじいさん、祖父（そふ）
할아버지

おばあさん、祖母（そぼ）
할머니

おばさん、おば
숙모．백모

おじさん、おじ
숙부．백부

お父さん、父（とう）（ちち）
아버지
お母さん、母（かあ）（はは）
어머니

いとこさん、いとこ
사촌형제

妹さん、妹（いもうと）（いもうと）
여동생

弟さん、弟（おとうと）（おとうと）
남동생

私
나

お兄さん、兄（にい）（あに）
오빠．형

義理のお姉さん，
義理の姉（ぎ　り）（ねえ）（あね）
형수．올케

お姉さん、姉（ねえ）（あね）
언니．누나

義理のお兄さん、
義理の兄（にい）（あに）
매형．형부

● 남의 가족을 지칭하거나 자기 가족 간의 호칭

● 자기 가족을 남에게 말할 때

第7課　単語テスト

名前

①	②
③	④
⑤	⑥
⑦	⑧
⑨	⑩
⑪	⑫
⑬	⑭
⑮	⑯
⑰	⑱
⑲	⑳

제8과

美術館へ行きます

ポイント

제8과

美術館へ行きます

유학생 김혜미 양이 외출하려고 합니다. 이때 같은 기숙사에 사는 기무라 양을 만나 이야기를 나눕니다.

木村 お出かけですか。

金 はい、これから美術館へ行きます。

木村 そうですか。うらやましいですね。

金 木村さんは何か予定がありますか。

木村 特にありません。

金 では、いっしょに行きませんか。

木村 ありがとうございます。

でも今日は宿題がたくさんありますので、ちょっと。

金 そうですか。残念ですね。

木村 美術館の後、またどこかへ行きますか。

金 はい、友達とハンガン公園へ行くつもりです。

木村 公園では何をしますか。

金 少し走ります。それから自転車に乗ります。

また近くでコーヒーを飲みます。

어휘					
お出かけ	おでかけ	외출	美術館	びじゅつかん	미술관
行く	いく	가다	うらやましい		부럽다
予定	よてい	예정	特に	とくに	특히, 특별히
では		그러면	でも		그렇지만
宿題	しゅくだい	숙제	ちょっと		좀, 약간
残念だ	ざんねんだ	유감이다	また		또
つもり		생각, 작정	少し	すこし	조금
走る	はしる	달리다	それから		그리고 나서
自転車	じてんしゃ	자전거	乗る	のる	타다
また		또	近く	ちかく	근처
コーヒー		커피	飲む	のむ	마시다

文法と表現

1 동사 2 : 5단활용동사

5단활용동사는 あ・い・う・え・お 다섯 개의 단(段)에 걸쳐 활용하는 동사를 가리킨다.

行く	いか	ない	가지 않는다	: 부정형
	いき	ます	갑니다	: ます형 [연용형]
	いく		간다	: 원형 [종지형]
	いく	時	갈 때	: 연체형
	いけ	ば	가면	: 가정형
	いけ		가라	: 명령형
	いこ	う	가자	: 권유형

5단활용동사의 어간은 う段의 자음부분까지이고 뒤의 모음부분이 어미가 된다.

		어간		어미
行く	⇒	ik	・	u
飲む	⇒	nom	・	u

書く	聞く	泳ぐ	急ぐ
買う	会う	立つ	待つ
乗る	売る	読む	休む
遊ぶ	飛ぶ	話す	押す

정중형은 다음과 같이 い段으로 활용한 것에 ます를 접속하여 만든다.

| 書く | kak / u | → kak ・ i ＋ masu | ⇒ かきます | 씁니다 |
| 泳ぐ | ojog / u | → ojog ・ i ＋ masu | ⇒ およぎます | 수영합니다 |

買う	ka / u	→ ka ・ i ＋ masu	⇒ かいます	삽니다
立つ	tat / u	→ tat ・ i ＋ masu	⇒ たちます	섭니다
売る	ur / u	→ ur ・ i ＋ masu	⇒ うります	팝니다

| 休む | yasum / u | → yasum ・ i ＋ masu | ⇒ やすみます | 쉽니다 |
| 遊ぶ | asob / u | → asob ・ i ＋ masu | ⇒ あそびます | 놉니다 |

| 話す | hanas / u | → hanas ・ i ＋ masu | ⇒ はなします | 이야기합니다 |

2 동사 3 : 불규칙활용동사

1단활용동사와 5단활용동사 외에 불규칙적으로 활용하는 불규칙활용동사가 있고 する와 来る가 여기에 속한다. する와 来る의 ます형과 부정형은 다음과 같다.

する ⇒	しない	하지 않는다	: 부정형
	します	합니다	: ます형
来る ⇒	こない	오지 않는다	: 부정형
	きます	옵니다	: ます형

3 예외동사

형태상으로는 1단활용동사로 보이지만 실제로는 5단활용동사인 동사가 있다.

走る 帰る 入る 減る

정중형은 다음과 같이 만든다.

走る　hasir / u　→ hasir ・ i ＋ masu　⇒ はしります　달립니다
帰る　kaer / u　→ kaer ・ i ＋ masu　⇒ かえります　돌아갑니다
入る　hair / u　→ hair ・ i ＋ masu　⇒ はいります　들어갑니다
減る　her / u　→ her ・ i ＋ masu　⇒ へります　줍니다

4 동사의 연체형

동사는 명사를 수식하는 기능도 갖고 있다. 동사의 기본형을 그대로 명사 앞에 붙여서 만든다.

行く予定　　　　갈 예정
するつもり　　　할 생각
早く起きる人　　빨리 일어나는 사람
話すこと　　　　말할 것

5 ～に乗る　～을(를) 타다

우리말에서는 '타다' 앞에 '～을(를)'이 온다. 그러나 일본어는 乗る 앞에 반드시 조사 に를 사용해야 한다.

駅までタクシーに乗ります。　　역까지 택시를 탑니다.

はじめて自転車に乗ります。　　처음으로 자전거를 탑니다.

6　　へ　~(으)로

어떠한 장소로 향하고 있음을 나타내는 조사이다.

木村さんはアメリカへ行きます。　기무라 씨는 미국에 갑니다.

朝早く学校へ来ます。　　아침 일찍 학교에 옵니다.

7　　で　~에서

で는 앞에서 배웠듯이 수단을 나타내기도 하지만 '~에서'라는 의미로 장소와 결합하여 쓰인다.

学校で勉強します。　　학교에서 공부합니다.

公園で走ります。　　공원에서 달립니다.

어휘						
書く	かく	쓰다	聞く	きく	듣다
泳ぐ	およぐ	수영하다	急ぐ	いそぐ	서두르다
買う	かう	사다	会う	あう	만나다
立つ	たつ	서다	待つ	まつ	기다리다
売る	うる	팔다	読む	よむ	읽다
休む	やすむ	쉬다	遊ぶ	あそぶ	놀다
飛ぶ	とぶ	날다	話す	はなす	말하다
押す	おす	밀다	する		하다
来る	くる	오다	帰る	かえる	돌아오다
入る	はいる	들어가다	減る	へる	줄다
はじめて		처음으로	勉強する	べんきょうする	공부하다

練習

1. 보기와 같이 적당한 조사를 넣어 문장을 완성하세요

 보기

> バス　行く
> ➡ バスで　行きます。

❶ グラウンド　走る

➡ _____

❷ 二時　休む

➡ _____

❸ ドア　押す

➡ _____

❹ 駅　会う

➡ _____

⑤ 本屋　本　買う

➡ _____

⑥ 子供　遊ぶ

➡ _____

⑦ 三時　コーヒー　飲む

➡ _____

⑧ タクシー　学校　来る

➡ _____

⑨ 図書館　本　読む

➡ _____

⑩ 毎日　日本語　勉強する

➡ _____

2. 보기를 참고하여 적절한 명사구를 넣어 답하세요.

보기
何をしますか。(飲む)
➡ 水を飲みます。

① 何をしますか。(買う)

➡ _____

② 何をしますか。(読む)

➡ _____

③ 何をしますか。(書く)

➡ _____

④ 何をしますか。(待つ)

➡ _____

⑤ 何をしますか。(乗る)

➡ _____

3. 보기와 같이 동사에 맞추어 적당한 명사를 넣으세요.

보기
_____本_____を読みます。

1 _____を買います。

2 _____を売ります。

3 _____と話します。

4 _____で勉強します。

5 _____に乗ります。

6 _____で書きます。

7 _____に入ります。

8 _____と遊びます。

9 _____を飲みます。

10 _____で待ちます。

4. 일본어로 작문하세요.

❶ 내일 학교에 갑니까?

➡ _____

❷ 지하철로 학교에 옵니다.

➡ _____

❸ 같이 안 갈래요?

➡ _____

❹ 방에서 잡지를 읽습니다.

➡ _____

❺ 백화점에서 빵을 삽니다.

➡ _____

5. 다음 일본어 문장을 우리말로 해석하세요.

❶ 公園で自転車に乗ります。

➡ _____

2 今日は宿題がたくさんあります。

➡ _____

3 特に予定はありません。

➡ _____

4 家で勉強するつもりです。

➡ _____

5 タクシーで美術館へ行きます

➡ _____

6. 잘 듣고 받아 적으세요.

1 _____

2 _____

3 _____

4 _____

5 _____

第8課　単語テスト

名前 _____

① _____ ② _____

③ _____ ④ _____

⑤ _____ ⑥ _____

⑦ _____ ⑧ _____

⑨ _____ ⑩ _____

⑪ _____ ⑫ _____

⑬ _____ ⑭ _____

⑮ _____ ⑯ _____

⑰ _____ ⑱ _____

⑲ _____ ⑳ _____

제9과

何を買いましたか

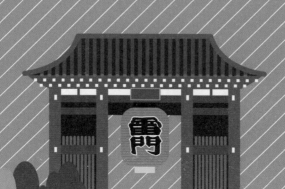

제9과

何を買いましたか

기무라 양이 다카하시 씨에게 지난 주말과 전날 있었던 일에 대해 묻고 있습니다.

木村　高橋さん、週末、何をしましたか。

高橋　映画を見に行きました。

木村　どんな映画でしたか。

高橋　とても楽しい映画でした。

木村　昨日は何をしましたか。

高橋　デパートへ買い物に行きました。

　　　そこで偶然、友達に会いました。

木村　デパートでは何を買いましたか。

高橋　母の誕生日プレゼントを買いました。

木村　ほかに何か買いましたか。

高橋　いいえ、何も買いませんでした。

木村　それからまたどこかへ行きましたか。

高橋　はい、田中さんの家に遊びに行きました。

木村　何で行きましたか。

高橋　行きは電車でしたが、帰りはタクシーに乗りました。

어휘					
週末	しゅうまつ	주말	楽しい	たのしい	즐겁다
昨日	きのう	어제	買い物	かいもの	쇼핑
偶然	ぐうぜん	우연, 우연히	プレゼント		선물
ほかに		이외에	行き	いき	가는 것, 갈 때
電車	でんしゃ	전철	帰り	かえり	돌아옴, 귀가, 올 때

文法と表現 ❀

1 ますの 활용

동사에 접속하여 정중함을 나타내는 ます는 ました(과거), ません(부정), ません
でした(부정과거)와 같이 활용한다.

	긍 정		부 정	
	현재 ます	과거 ました	현재 ません	과거 ませんでした
買う	かいます	かいました	かいません	かいませんでした
乗る	のります	のりました	のりません	のりませんでした
遊ぶ	あそびます	あそびました	あそびません	あそびませんでした
食べる	たべます	たべました	たべません	たべませんでした
起きる	おきます	おきました	おきません	おきませんでした
来る	きます	きました	きません	きませんでした
する	します	しました	しません	しませんでした

スパゲッティを食べます。　　ス파게티를 먹습니다.
ステーキを食べました。　　스테이크를 먹었습니다.

コーヒーは飲みません。　　커피는 안 마십니다.
何も飲みませんでした。　　아무 것도 마시지 않았습니다.

동사 ます형 → 명사 : 전성명사

동사의 ます형은 ます와 결합하는 것뿐 만 아니라 독립하여 명사가 되기도 한다.

行く　→　いきます　　⇒　いき 가는 것

　　　　　ゆきます　　⇒　~ゆき ~행

　　　　　* 行き来 ゆきき・いきき　왕래

帰る　→　かえります　⇒　かえり 귀가

読み書きができます。　　　　읽고 쓰기를 할 수 있습니다.
娘の帰りが遅くて心配です。　딸아이의 귀가가 늦어서 걱정입니다.

목적을 나타내는 に

조사 に는 '~하러'와 같이 목적을 나타낼 때 사용하기도 한다. 이 때 동사의 경우 に 앞에 ます형이 온다.

アメリカへ何をしに行きますか。　　미국에 무엇을 하러 갑니까?
いっぱい飲みに行きませんか。　　　한 잔 하러 안 갈래요?

다음과 같이 동작성 명사에 に가 바로 접속하기도 한다.

コンビニに買い物に行きます。　　　편의점에 물건 사러 갑니다.
イギリスへ留学に行きました。　　　영국에 유학하러 갔습니다.

~に会う

우리말에서는 '만나다' 앞에는 '~을(를)'이 온다. 그러나 일본어에서는 동사 会う 앞에 に를 사용해야 한다.

えきまえ
駅前で先生に会いました。　　　　　역 앞에서 선생님을 만났습니다.

本屋でクラスメートに会いました。　서점에서 클래스메이트를 만났습니다.

날짜 관련 어휘

그저께	어제	오늘	내일	모레
おととい	きのう	きょう	あした	あさって
一昨日	昨日	今日	明日	明後日
지지난주	지난주	이번주	다음주	다다음주
せんせんしゅう	せんしゅう	こんしゅう	らいしゅう	さらいしゅう
先々週	先週	今週	来週	再来週
지지난달	지난달	이번달	다음달	다다음달
せんせんげつ	せんげつ	こんげつ	らいげつ	さらいげつ
先々月	先月	今月	来月	再来月
재작년	작년	올해	내년	내후년
おととし	きょねん・さくねん	ことし	らいねん	さらいねん
一昨年	去年・昨年	今年	来年	再来年

어휘			
スパゲッティ	스파게티	ステーキ	스테이크
読み書き　よみかき	읽고 쓰기	娘　　むすめ	딸
遅い　　おそい	늦다	心配だ　しんぱいだ	걱정이다
いっぱい	한 잔	コンビニ	편의점
留学　　りゅうがく	유학	駅前　えきまえ	역 앞
クラスメート	클래스메이트		

練習

　1. 다음 표를 완성하세요.

	긍　정		부　정	
	현재 ます	과거 ました	현재 ません	과거 ませんでした
会う				
帰る				
見る				
読む				
来る				
寝る				
遊ぶ				
する				
売る				
休む				

2. 다음 문장을 보기와 같이 (   )안의 지시대로 고치세요.

> 本、読む (긍정, 과거)
> ➡ 本を読みました。

① 車、乗る (긍정, 현재)

➡ _____

② 教室、勉強する (긍정, 과거)

➡ _____

③ プレゼント、買う (부정, 현재)

➡ _____

④ カレー、食べる (긍정, 과거)

➡ _____

⑤ コーヒー、飲む (부정, 과거)

➡ _____

3. 다음 문장을 보기와 같이 (   )안의 지시대로 고치세요.

> 本を読みます。(昨日, 긍정)
>
> ➡ 昨日本を読みました。

① 友達に会います。 (今日, 부정)

➡ _____

② 図書館へ行きました。 (明日, 부정)

➡ _____

③ デパートで買い物をしませんでした。 (一昨日, 긍정)

➡ _____

④ 泳ぎに行きます。 (来週, 긍정)

➡ _____

⑤ 東京から来ました。 (来月, 긍정)

➡ _____

4. 일본어로 작문하세요.

1 동경에 친구를 만나러 갑니다.

➡ _____

2 무엇을 하러 왔습니까?

➡ _____

3 공원에 놀러 갑니다.

➡ _____

4 갈 때는 전철을 탔습니다.

➡ _____

5 친구와 함께 영화를 보러 갑니다.

➡ _____

5. 다음 일본어 문장을 해석하세요.

1 昨日は何をしましたか。

➡ _____

② 一昨日はだれにも会いませんでした。

➡ _____

③ 駅の近くのスーパーで買いました。

➡ _____

④ テストの勉強をしに図書館へ行くつもりです。

➡ _____

⑤ 帰りは地下鉄に乗りませんでした。

➡ _____

6. 잘 듣고 받아 적으세요. MP3

① _____

② _____

③ _____

④ _____

⑤ _____

第9課　単語テスト

名前

01

02

03

04

05

06

07

08

09

10

11

12

13

14

15

16

17

18

19

20

제10과

レポートを書いています

ポイント

1. 5단활용동사의 음편
2. ～ています
3. ～てから
4. ～たことがあります
5. ～たり ～たり
6. ～階
7. ～のために

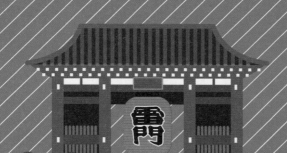

제10과 レポートを書いています

사토 양이 같은 기숙사에 사는 다나카 군과 이야기를 나눕니다.

佐藤　田中さん、今何をしていますか。

田中　レポートを書いています。

佐藤　ほかの方は何をしていますか。

田中　西山さんは三階でゲームをしています。

　　　中野さんはマラソンの練習のために、

　　　グラウンドで走っています。

佐藤　マラソンですか。すごいですね。

　　　田中さんもマラソン大会に参加したことがありますか。

田中　いいえ、参加したことはありません。

　　　中野さんの応援に大会に行ったことはあります。

佐藤　田中さんは昼休みに何をしますか。

田中　お弁当を食べてから、少し休みます。

佐藤　ほかの学生はどうですか。

田中　おしゃべりをしたり、予習をしたりします。

　　　キャンパス内を散歩したりする人もいます。

어휘					
レポート		레포트	ほかの		다른
三階	さんが(か)い	3층	ゲーム		게임
マラソン		마라톤	練習	れんしゅう	연습
～のために		～을/를 위해서	すごい		굉장하다
大会	たいかい	대회	参加	さんか	참가
応援	おうえん	응원	お弁当	おべんとう	도시락
おしゃべり		수다	予習	よしゅう	예습
キャンパス		캠퍼스	内	ない	내
散歩する	さんぽする	산책하다			

文法と表現 ✿

1 5단활용동사의 음편

5단활용동사는 て에 접속할 때 '음편(音便)'이라는 현상이 일어난다.

5단활용동사의 음편에는 다음의 세 종류가 있다.

い音便(いおんびん)　　いて・いで　：어미가 く・ぐ로 끝나는 동사
促音便(そくおんびん)　って　　　　：어미가 う・つ・る로 끝나는 동사
撥音便(はつおんびん)　んで　　　　：어미가 む・ぶ・ぬ로 끝나는 동사

5단활용동사의 음편현상은 て 이외에도, た에 접속할 때나, たり에 접속할 때도 나타난다.

동사	원형	ます	て	た	たり	음편종류
1단	起きる	起きます	起きて	起きた	起きたり	음편 없음
	見る	見ます	見て	見た	見たり	
불규칙	来る	来ます	来て	来た	来たり	
	する	します	して	した	したり	
5단	歩く	歩きます	歩いて	歩いた	歩いたり	い音便
	騒ぐ	騒ぎます	騒いで	騒いだ	騒いだり	
	買う	買います	買って	買った	買ったり	促音便
	立つ	立ちます	立って	立った	立ったり	
	終る	終ります	終って	終った	終ったり	
	休む	休みます	休んで	休んだ	休んだり	撥音便
	遊ぶ	遊びます	遊んで	遊んだ	遊んだり	
	死ぬ	死にます	死んで	死んだ	死んだり	

단 す로 끝나는 5단활용동사는 음편이 일어나지 않는다.

話す ⇒ はなします ・ はなして ・ はなした ・ はなしたり
押す ⇒ おします ・ おして ・ おした ・ おしたり

또 行く는 く로 끝나지만 い音便이 아니라 促音便을 취한다.

行く ⇒ いきます ・ いって ・ いった ・ いったり

2　～**ています**　～하고 있습니다.

「～ている」는 待つ, 歌う와 같이 동작이 진행되는 과정을 중시하는 동사와 결합하여 '동작의 진행'을 나타낸다.

歌(うた)を歌(うた)っています。　　　　노래를 부르고 있습니다.
子供(こども)が騒(さわ)いでいます。　　　아이가 시끄럽게 떠들고 있습니다.

3　～**てから**　～하고 나서

て에 から가 연결된 형태로 '～하고 나서'의 의미이다. 앞의 동작이 일어나고 나서 뒤의 동작이 이루어짐을 명확하게 나타내준다.

宿題(しゅくだい)をしてから遊(あそ)びに行(い)きます。　숙제를 하고 나서 놀러 갑니다.
母(はは)と相談(そうだん)してから決(き)めます。　　엄마와 의논하고 나서 결정합니다.

4　～**たことがあります**　～한 적이 있습니다

과거에 어떤 동작을 한 일이 있음을 나타내는 표현이다. た 앞에는 5단활용동사의 경우 음편형이 사용된다.

海(うみ)で泳(およ)いだことがあります。　　　　바다에서 수영한 적이 있습니다.
有名(ゆうめい)な歌手(かしゅ)に会(あ)ったことがあります。　유명한 가수를 만난 적이 있습니다.

5　～**たり(だり) ～たり(だり)**　～하거나 ～하거나

여러 가지 동작이 이루어졌음을 나타낼 때 사용되는 표현이다. たり도 た의 활용형이므로 5단활용동사의 경우 음편형이 온다.

ご飯を食べたりお茶を飲んだりしました。

　　　　　　　　　밥을 먹기도 하고 차를 마시기도 하고 했습니다.

彼女は泣いたり笑ったりしています。

　　　　　　　　　그녀는 울기도 하고 웃기도 하고 있습니다.

6 ~階 ~층

우리말의 '~층'을 나타낸다.

一階(いっかい)	二階（にかい）	三階(さんがい・さんかい)
四階(よんかい)	五階(ごかい)	六階(ろっかい)
七階(ななかい)	八階(はちかい)	九階(きゅうかい)
十階(じゅっかい・じっかい)		何階(なんがい・なんかい)

7 ~のために ~를 위해서

「~のために」는 '~를 위해서'라는 의미로 목적을 나타낼 때 사용되는 표현이다.

健康のために毎日運動しています。　　　건강을 위해서 매일 운동하고 있습니다.

平和のためにがんばっています。　　　평화를 위해 노력하고 있습니다.

어휘					
歩く	あるく	걷다	騒ぐ	さわぐ	소란 떨다
終る	おわる	끝나다	死ぬ	しぬ	죽다
歌	うた	노래	歌う	うたう	노래하다
出かける	でかける	외출하다	相談	そうだん	의논
決める	きめる	정하다	海	うみ	바다
お茶	おちゃ	차	泣く	なく	울다
笑う	わらう	웃다	健康	けんこう	건강
運動	うんどう	운동	平和	へいわ	평화
がんばる		힘쓰다			

練習

 1. 다음 표를 완성하시오.

동사	ます	て	た	たり
泣く				
終る				
飲む				
来る				
飛ぶ				
走る				
行く				
泳ぐ				
歌う				
話す				
持つ				
する				
帰る				

보기

部屋で本を ___読んでいます。___ (読む)

❶ 学生達が教室で _____ (騒ぐ)

❷ グラウンドで _____ (走る)

❸ 鈴木さんは一時間も _____ (待つ)

❹ 子供が公園で _____ (遊ぶ)

❺ 大きい声で _____ (歌う)

❻ メールを _____ (書く)

❼ カレーライスを _____ (食べる)

❽ 自分の部屋で _____ (休む)

❾ お茶 _____ (飲む)

❿ ハンガン公園を _____ (歩く)

3. 보기와 같이 각각의 문장에서 음편형으로 쓰인 동사를 찾아 기본형을 쓰세요.

> プールで泳いだり、グラウンドで走ったりします。
>
> ➡ 泳いだり：泳ぐ、走ったり：走る

1 コーヒーを飲んでいます。

➡ _____

2 休んでいる人はだれですか。

➡ _____

3 学校へ行って、友達に会って、いっしょにご飯を食べました。

➡ _____

4 スミスさんに会ったことがあります。

➡ _____

5 あちらで売っているものは何ですか。

➡ _____

① 텔레비전을 보고 있는 사람은 (나의) 누나입니다.

➡ _____

② 2층에서 노래를 부르고 있습니다.

➡ _____

③ 마시기도 하고 먹기도 하고 했습니다.

➡ _____

④ 수업이 끝나고 나서 무엇을 합니까?

➡ _____

⑤ 운동장에서 아이들이 놀고 있습니다.

➡ _____

5. 다음 일본어 문장을 우리말로 해석하세요.

① 子供が泣いたり笑ったりしています。

➡ _____

2 宿題をしてから遊びに行くつもりです。

➡ _____

3 雑誌を読んだりレポートを書いたりしています。

➡ _____

4 マラソン大会に参加したことがありますか。

➡ _____

5 走っている人はだれですか。

➡ _____

6. 잘 듣고 받아 적으세요.

1 _____

2 _____

3 _____

4 _____

5 _____

第10課　単語テスト

名前

⑴	⑵
⑶	⑷
⑸	⑹
⑺	⑻
⑼	⑽
⑾	⑿
⒀	⒁
⒂	⒃
⒄	⒅
⒆	⒇

동사 총정리

5단활용동사

会う	あう	만나다
遊ぶ	あそぶ	놀다
ある		(무정물이) 있다
歩く	あるく	걷다
行く	いく	가다
急ぐ	いそぐ	서두르다
いる		(유정물이) 있다
歌う	うたう	노래하다
売る	うる	팔다
押す	おす	누르다
泳ぐ	およぐ	수영하다
終る	おわる	끝나다
買う	かう	사다
帰る	かえる	돌아오다
かかる		(시간이) 걸리다
書く	かく	쓰다
がんばる		힘쓰다
聞く	きく	듣다
騒ぐ	さわぐ	소란떨다
死ぬ	しぬ	죽다
立つ	たつ	서다
作る	つくる	만들다
飛ぶ	とぶ	날다
泣く	なく	울다
なる		되다
飲む	のむ	마시다
乗る	のる	타다
入る	はいる	들어가다
走る	はしる	달리다
話す	はなす	말하다
減る	へる	줄다
待つ	まつ	기다리다
休む	やすむ	쉬다
読む	よむ	읽다
笑う	わらう	웃다

1단활용동사

開ける	あける	열다
起きる	おきる	일어나다
教える	おしえる	가르치다
降りる	おりる	내리다
借りる	かりる	빌리다
決める	きめる	정하다
食べる	たべる	먹다
出かける	でかける	외출하다
できる		할 수 있다
出る	でる	나가다
寝る	ねる	자다
見る	みる	보다

불규활용칙동사

来る	くる	오다
参加する	さんかする	참가하다
散歩する	さんぽする	산책하다
する		하다
勉強する	べんきょうする	공부하다

연습문제
정답

연습문제 정답

제1과 こんにちは

1. ① 李さんは 韓国人です。
   李さんは 韓国人ですか。
   ③ 田中さんは 大学生です。
   田中さんは 大学生ですか。
   ⑤ チンさんは 留学生です。
   チンさんは 留学生ですか。

   ② 山田さんは 日本人です。
   山田さんは 日本人ですか。
   ④ スミスさんは 先生です。
   スミスさんは 先生ですか。

2. ① スミスさんは アメリカ人ではありません。
   スミスさんは アメリカ人ではありませんか。
   ③ 田中さんは 留学生ではありません。
   田中さんは 留学生ではありませんか。
   ⑤ 金さんは 一年生ではありません。
   金さんは 一年生ではありませんか。

   ② 山田さんは 会社員ではありません。
   山田さんは 会社員ではありませんか。
   ④ 李さんは 高校生ではありません。
   李さんは 高校生ではありませんか。

3. ① はい、私は 日本人です。
   はい、山田さんは 日本人です。
   ③ はい、私は 大学生です。
   はい、李さんは 大学生です。
   ⑤ いいえ、私は 中国人ではありません。
   いいえ、スミス先生は 中国人ではありません。

   ② はい、私は 留学生です。
   はい、金さんは 留学生です。
   ④ いいえ、私は 先生ではありません。
   いいえ、チンさんは 先生ではありません。

4. ① はじめまして。
   ③ よろしく おねがいします。
   ⑤ 私は 大学生です。

   ② こんにちは。
   ④ ヘレンさんは アメリカ人です。

5. ① 김선생님은 한국인입니까?
   ③ 야마다씨는 1학년이 아닙니다.
   ⑤ 나카다씨는 회사원이 아닙니까?

   ② 친씨는 유학생입니다.
   ④ 브라운씨는 일본인이 아닙니다.

6. ① こんにちは。　　　　　　　　　　② はじめまして。
　　③ どうぞよろしく。　　　　　　　　④ おねがいします。
　　⑤ はい、そうです。

第2課　これは辞書です

1. ① それは　辞書です。　　　　　　　② これは　かばんです。
　　③ あれは　先生の車です。　　　　　④ これは　友達のノートです。
　　⑤ それは　山田さんの雑誌です。

2. ① これは　友達の　車です。　　　　② それは　山田さんの　雑誌です。
　　　これは　友達のです。　　　　　　　それは　山田さんのです。
　　③ あれは　兄の　本です。　　　　　④ それは　英語の先生の　かばんです。
　　　あれは　兄のです。　　　　　　　　それは　英語の先生のです。
　　⑤ これは　留学生のチンさんの　辞書です。
　　　これは　留学生のチンさんのです。

3. ① はい、それは　韓国語の　辞書です。　② はい、これは　中田さんの　かばんです。
　　③ いいえ、あれは　田中さんの　車ではありません。　④ いいえ、これは　スミスさんの　雑誌ではありません。
　　　先生のです。　　　　　　　　　　　　　　　　中国語の先生のです。
　　⑤ いいえ，それは　先生の　ノートではありません。
　　　私の友達のです。

4. ① これは　先生の　辞書ではありません。　② ブラウンさんは　英語の　先生ではありません。
　　③ それも　田中さんの　車ではありません。　④ 金さんは　大学生です。
　　⑤ あれは　山田さんの　かばんです。　　　⑥ これも　先生の　本ではありません。
　　⑦ ヘレンさんは　中国語の　先生ではありません。　⑧ あれも　田中さんの　ノートではありません。
　　⑨ 兄は　会社員です。　　　　　　　　　　⑩ あれは　アンリさんの　カメラです。

5. ① これは　日本語の　本です。　　　　② それも　英語の　辞書ですか。
　　③ あれは　だれの　車ですか。　　　　④ いいえ、私の　かばんではありません。
　　⑤ これも　友達の　ノートです。

6. ① 네, 그것은 중국어 선생님의 책입니다.　② 이것도 한국어 잡지입니까?
　　③ 저것은 누구의 가방입니까?　　　　④ 아니오, 제 카메라가 아닙니다.
　　⑤ 저것은 무엇입니까?

7. ① これは何ですか。　　　　　　　　② それは日本語の辞書です。
　　③ だれのノートですか。　　　　　　④ 山田さんも大学生です。
　　⑤ あれは田中さんの車です。

제3과 教室に学生がいます

1. ① あそこに車があります。
   ③ 食堂に友達がいます。
   ⑤ かばんの中にカメラがあります。
   ⑦ そこに私の雑誌があります。
   ⑨ いすの上に本があります。

   ② 事務室にコンピューターがあります。
   ④ 机の上に日本語の辞書があります。
   ⑥ 図書室に中国の人がいます。
   ⑧ グラウンドに子供が三人います。
   ⑩ 学校にフランス語の先生がいます。

2. ① あそこに雑誌はありません。
   ③ 机の上に英語の辞書はありません。
   ⑤ 私の学校にフランス人の先生はいません。
   ⑦ かばんの中にノートはありません。
   ⑨ 事務室に留学生はいません。

   ② グラウンドに学生はいません。
   ④ ここに山田さんはいません。
   ⑥ 教室の中にコンピューターはありません。
   ⑧ 図書室に中田さんはいません。
   ⑩ テーブルの上に犬はいません。

3. ① ありますか。
   ③ います。
   ⑤ いますか。

   ② あります。
   ④ いますか。

4. ① ここは 学校です。
   ③ あそこに 人が 二人 います。
   ⑤ 研究室に いすが 五つ あります。

   ② 駅は どこですか。
   ④ 机の上に 本や ノート などが あります。

5. ① 이 방은 무엇입니까?
   ③ 교실에 학생이 세 명 있습니다.
   ⑤ 식당에 테이블과 의자가 많이 있습니다.

   ② 저쪽이 도서실입니까?
   ④ 사무실에 무엇이 있습니까?

6. ① ここは教室です。
   ③ コンピューターはありません。
   ⑤ 犬や猫がいます。

   ② 学生はどこにいますか。
   ④ 図書館に本がたくさんあります。

제4과 何時から何時までですか

1. ① 二月二日、にがつふつか
   ③ 三月三日、さんがつみっか
   ⑤ 七月十七日、しちがつじゅうしちにち

   ② 八月十五日、はちがつじゅうごにち
   ④ 十二月四日、じゅうにがつよっか

2. ① 十時五十七分、じゅうじ ごじゅうななふん
   ③ 八時四十三分、はちじ よんじゅうさんぷん
   ⑤ 十一時二十九分、じゅういちじ にじゅうきゅうふん

   ② 十二時三十八分、じゅうにじ さんじゅうはっぷん
   ④ 一時十五分、いちじ じゅうごふん

3. ① 授業は〇曜日にあります。
③ 今〇時〇分です。
⑤ 明日は〇曜日です。
⑦ 私の誕生日は〇月〇日です。
⑨ 〇分ぐらいかかります。

② 〇時〇分から〇時〇分までです。
④ 今日は〇月〇日です。
⑥ 明日は〇月〇日です。
⑧ 友達の誕生日は〇月〇日です。
⑩ 〇分ぐらいかかります。

4. ① 食堂は何時から何時までですか。
③ 夏休みは何月から何月までですか。
⑤ 公園までは三十分かかります。

② 火曜日の授業は九時から四時十五分までです。
④ ここから駅まで十五分かかります。

5. ① 오늘은 3월 3일입니다.
③ 친구의 생일은 12월 25일입니다.
⑤ 지금 오후 5시 30분입니다.

② 내일은 11월 8일 금요일입니다.
④ 택시로 1시간 걸립니다.

6. ① 授業は何時から何時までですか。
③ 春は三月から五月までです。
⑤ 今日は六月七日です。

② 十時半から十一時四十五分までです。
④ 地下鉄で一時間かかります。

제5과 いい天気ですね

1. ①

高(たか)い	安(やす)い	新(あたら)しい	古(ふる)い
たかくない	やすくない	あたらしくない	ふるくない
たかく	やすく	あたらしく	ふるく
たかくて	やすくて	あたらしくて	ふるくて
たかい	やすい	あたらしい	ふるい
たかい 명사	やすい 명사	あたらしい 명사	ふるい 명사

②

暖(あたた)かい	暑(あつ)い	寒(さむ)い	おいしい
あたたかくない	あつくない	さむくない	おいしくない
あたたかく	あつく	さむく	おいしく
あたたかくて	あつくて	さむくて	おいしくて
あたたかい	あつい	さむい	おいしい
あたたかい 명사	あつい 명사	さむい 명사	おいしい 명사

2. ① 古いのはこれです。
③ 青いのはあれです。
⑤ おいしいのはこれです。

② 大きいのはそれです。
④ 高いのはそれです。

3. ① このりんごはおいしいです。
　このりんごはおいしくないです。
　このりんごはおいしくありません。

② ソウルの物価は高いです。
　ソウルの物価は高くないです。
　ソウルの物価は高くありません。

③ あの部屋は狭いです。
あの部屋は狭くないです。
あの部屋は狭くありません。

④ 学校のグラウンドは広いです。
学校のグラウンドは広くないです。
学校のグラウンドは広くありません。

⑤ 兄の車は安いです。
兄の車は安くないです。
兄の車は安くありません。

⑥ 夏は暑いです。
夏は暑くないです。
夏は暑くありません。

⑦ 東京の冬は寒いです。
東京の冬は寒くないです。
東京の冬は寒くありません。

⑧ 姉のかばんは古いです。
姉のかばんは古くないです。
姉のかばんは古くありません。

⑨ 学生食堂は大きいです。
学生食堂は大きくないです。
学生食堂は大きくありません。

⑩ 春は暖かいです。
春は暖かくないです。
春は暖かくありません。

4. ① 夏は暑くて冬は寒いです。
② この部屋は狭くありません。
③ これはあれよりおいしいです。
④ 朝は寒いですが、昼は暖かいです。
⑤ 兄より私のほうが 背が高いです。

5. ① 제 컴퓨터는 새것입니다.
② 선생님의 연구실은 넓지 않습니다.
③ 실례합니다만, 사무실에 스미스 씨, 있습니까?
④ 물가는 서울보다 높습니다.
⑤ 오늘은 정말 좋은 날씨네요.

6. ① ほんとうにいい天気ですね。
② 夏はソウルより暑いです。
③ このりんごはあのりんごより大きいです。
④ それはあまり新しくありません。
⑤ 物価はどうですか。

제6과 料理が上手ですね

1. ①

好(す)きだ	きれいだ	静(しず)かだ	にぎやかだ
すきではない	きれいではない	しずかではない	にぎやかではない
すきに	きれいに	しずかに	にぎやかに
すきで	きれいで	しずかで	にぎやかで
すきです	きれいです	しずかです	にぎやかです
すきな 명사	きれいな 명사	しずかな 명사	にぎやかな 명사

②

元気(げんき)だ	便利(べんり)だ	不便(ふべん)だ	有名(ゆうめい)だ
げんきではない	べんりではない	ふべんではない	ゆうめいではない
げんきに	べんりに	ふべんに	ゆうめいに
げんきで	べんりで	ふべんで	ゆうめいで
げんきです	べんりです	ふべんです	ゆうめいです
げんきな 명사	べんりな 명사	ふべんな 명사	ゆうめいな 명사

2. ① 大きくてきれいな部屋が好きです。　　　② 元気で明るい学生が好きです。
③ 優しくて親切な人が大好きです。　　　④ 不便で狭い教室が嫌いです。
⑤ 車が多くてにぎやかな街が嫌いです。

3. ① や　　　　　　　　　　　　　② ので/から
③ と　　　　　　　　　　　　　④ が
⑤ に　　　　　　　　　　　　　⑥ から
⑦ より　　　　　　　　　　　　⑧ とか，とか
⑨ も　　　　　　　　　　　　　⑩ の

4. ① 公園は夜はとても静かです。　　　② 私の学校はいつもきれいです。
③ 今は甘いものが嫌いです。　　　④ 駅が遠くないので交通が便利です。
⑤ 好きな食べ物は何ですか。

5. ① 사과도 싫어하지 않습니다.　　　② 매운 것 보다 단 것을 좋아합니다.
③ 슈퍼가 없어서 불편합니다.　　　④ 음식 중에 무엇이 가장 좋습니까?
⑤ 이 떡볶이는 그다지 맵지 않습니다.

6. ① 何がいちばん好きですか。　　　② あまり上手ではありません。
③ この教室は静かできれいです。　　　④ 夜はとてもにぎやかです。
⑤ 元気で明るい子供がたくさんいます。

제7과　毎朝七時に起きます

1. ① 夕ご食はすしを食べます。　　　② 八時に家を出ます。
　　夕ご食はすしを食べますか。　　　　八時に家を出ますか。
③ 妹はテレビを見ます。　　　④ 十時にレストランを開けます。
　　妹はテレビを見ますか。　　　　十時にレストランを開けますか。
⑤ いっしょにバスを降ります。　　　⑥ 奥さんは日本語を教えます。
　　いっしょにバスを降りますか。　　　奥さんは日本語を教えますか。
⑦ 明日本を借ります。　　　⑧ 今日は九時に寝ます。
　　明日本を借りますか。　　　　今日は九時に寝ますか。
⑨ 英語ができますす。　　　⑩ 毎朝六時半に起きます。
　　英語ができますか。　　　　毎朝六時半に起きますか。

2. ① 好きに　　　　　　　　　② 会社員に
③ 広く　　　　　　　　　　④ 英語の先生に
⑤ にぎやかに　　　　　　　⑥ 大きく
⑦ 赤く　　　　　　　　　　⑧ 上手に
⑨ よく　　　　　　　　　　⑩ 四年生に

3. ① と・の、は   ② に・の、を
    ③ の、に、が   ④ と
    ⑤ より   ⑥ と
    ⑦ に、の、が   ⑧ は、に
    ⑨ まで   ⑩ は、も

4. ① スミスさんは何人家族ですか。   ② 野村さんのお父さんは会社員です。
    ③ 母は料理が上手です。   ④ お兄さんはおいくつですか。
    ⑤ 弟といっしょに食べます。

5. ① 월요일은 몇 시에 일어납니까?   ② 몇 시부터 몇 시까지 잡니까?
    ③ 점심은 12부터 1시 사이에 먹습니다.   ④ 밤엔 언제나 텔레비전을 봅니다.
    ⑤ 친구가 교실 문을 엽니다.

6. ① 毎朝六時半に起きます。   ② 夕ご飯はどこで食べますか。
    ③ お姉さんはおいくつですか。   ④ 日曜日は彼女と映画を見ます。
    ⑤ 夜は大体十一時ごろ寝ます。

제8과 美術館へ行きます

1. ① グラウンドで(を) 走ります。   ② 二時に 休みます。
    ③ ドアを 押します。   ④ 駅で 会います。
    ⑤ 本屋で 本を 買います。   ⑥ 子供と 遊びます。
    ⑦ 三時に コーヒーを 飲みます。   ⑧ タクシーで 学校に 来ます。
    ⑨ 図書館で 本を 読みます。   ⑩ 毎日 日本語を 勉強します。

2. ① 本を買います。   ② 新聞を読みます。
    ③ レポートを書きます。   ④ 友達を待ちます。
    ⑤ タクシーに乗ります。

3. ① かばん   ② 靴
    ③ 先生   ④ 図書館
    ⑤ バス   ⑥ 鉛筆
    ⑦ 部屋   ⑧ 友達
    ⑨ コーヒー   ⑩ 駅の前

4. ① 明日学校に行きますか。   ② 地下鉄で学校に来ます。
    ③ 一緒に行きませんか。   ④ 部屋で雑誌を読みます。
    ⑤ デパートでパンを買います。

5. ① 공원에서 자전거를 탑니다.   ② 오늘은 숙제가 많이 있습니다.
    ③ 특별히 예정은 없습니다.   ④ 집에서 공부할 예정입니다.
    ⑤ 택시로 미술관에 갑니다.

6. ① 今日は何か予定がありますか。 ② ハンガン公園へ行くつもりです。
   ③ 近くのレストランでジュースを飲みます。 ④ それから少し走ります。
   ⑤ 美術館は何で行きますか。

제9과 何を買いましたか

1.

	긍 정		부 정	
	현재 ます	과거 ました	현재 ません	과거 ませんでした
会う	会います	会いました	会いません	会いませんでした
帰る	帰ります	帰りました	帰りません	帰りませんでした
見る	見ます	見ました	見ません	見ませんでした
読む	読みます	読みました	読みません	読みませんでした
来る	来ます	来ました	来ません	来ませんでした
寝る	寝ます	寝ました	寝ません	寝ませんでした
遊ぶ	遊びます	遊びました	遊びません	遊びませんでした
する	します	しました	しません	しませんでした
売る	売ります	売りました	売りません	売りませんでした
休む	休みます	休みました	休みません	休みませんでした

2. ① 車に乗ります。 ② 教室で勉強しました。
   ③ プレゼントを買いません。 ④ カレーを食べました。
   ⑤ コーヒーを飲みませんでした。

3. ① 今日友達に会いませんでした。 ② 明日図書館へ行きません。
   ③ 一昨日デパートで買い物をしました。 ④ 来週泳ぎに行きます。
   ⑤ 来月東京から来ます。

4. ① 東京へ友達に会いに行きます。 ② 何をしに来ましたか。
   ③ 公園に遊びに行きます。 ④ 行きは電車に乗りました。
   ⑤ 友達と一緒に映画を見に行きます。

5. ① 어제는 무엇을 했습니까? ② 그저께는 누구와도 만나지 않았습니다.
   ③ 역 근처의 슈퍼에서 샀습니다. ④ 시험공부를 하러 도서관에 갈 예정입니다.
   ⑤ 돌아올 때는 지하철을 타지 않았습니다.

6. ① 映画を見に行きました。 ② とても楽しい映画でした。
   ③ デパートでは何を買いましたか。 ④ 何も買いませんでした。
   ⑤ 帰りはタクシーに乗りました。

제10과 レポートを書いています

1.

동사	ます	て	た	たり
泣く	泣きます	泣いて	泣いた	泣いたり
終る	終わります	終わって	終わった	終わったり
飲む	飲みます	飲んで	飲んだ	飲んだり
来る	来ます	来て	来た	来たり
飛ぶ	飛びます	飛んで	飛んだ	飛んだり
走る	走ります	走って	走った	走ったり
行く	行きます	行って	行った	行ったり
泳ぐ	泳ぎます	泳いで	泳いだ	泳いだり
歌う	歌います	歌って	歌った	歌ったり
話す	話します	話して	話した	話したり
会う	会います	会って	会った	会ったり
持つ	持ちます	持って	持った	持ったり
する	します	して	した	したり
帰る	帰ります	帰って	帰った	帰ったり

2.　① 騒いでいます。　　　　　　　② 走っています。
　　③ 待っています。　　　　　　　④ 遊んでいます。
　　⑤ 歌っています。　　　　　　　⑥ 書いています。
　　⑦ 食べています。　　　　　　　⑧ 休んでいます。
　　⑨　飲んでいます。　　　　　　　⑩ 歩いています。

3.　① 飲んで：飲む　　　　　　　　② 休んで：休む
　　③ 行って：行く、　会って：会う　④ 会った：会う
　　⑤ 売って：売る

4.　① テレビを見ている人は姉です。　② 二階で歌を歌っています。
　　③ 飲んだり食べたりしました。　　④ 授業が終わってから何をしますか。
　　⑤ グラウンドで子供達が遊んでいます。

5.　① 아이가 울기도 하고 웃기도 하고 있습니다.　② 숙제를 하고나서 놀러갈 예정입니다.
　　③ 신문을 읽기도 하고 레포트를 쓰기도 하고 있습니다.　④ 마라톤대회에 참가한 적이 있습니까?
　　⑤ 달리고 있는 사람은 누구입니까?

6.　① レポートを書いています。　　② キャンパス内を散歩したりする人もいます。
　　③ 部屋で歌を歌っています。　　④ お弁当を食べたり、休んだりします。
　　⑤ 平和のためにがんばっています。

일본어 가나연습장

소 속	
이 름	

히라가나(平仮名)

あ	か	さ	た	な	は	ま	や	ら	わ
a	ka	sa	ta	na	ha	ma	ya	ra	wa

い	き	し	ち	に	ひ	み		り	
i	ki	shi	chi	ni	hi	mi		ri	

う	く	す	つ	ぬ	ふ	む	ゆ	る	
u	ku	su	tsu	nu	hu	mu	yu	ru	

え	け	せ	て	ね	へ	め		れ	
e	ke	se	te	ne	he	me		re	

お	こ	そ	と	の	ほ	も	よ	ろ	を	ん
o	ko	so	to	no	ho	mo	yo	ro	wo	N

가타카나(片仮名)

ア	カ	サ	タ	ナ	ハ	マ	ヤ	ラ	ワ
a	ka	sa	ta	na	ha	ma	ya	ra	wa

イ	キ	シ	チ	ニ	ヒ	ミ		リ	
i	ki	shi	chi	ni	hi	mi		ri	

ウ	ク	ス	ツ	ヌ	フ	ム	ユ	ル	
u	ku	su	tsu	nu	hu	mu	yu	ru	

エ	ケ	セ	テ	ネ	ヘ	メ		レ	
e	ke	se	te	ne	he	me		re	

オ	コ	ソ	ト	ノ	ホ	モ	ヨ	ロ	ヲ	ン
o	ko	so	to	no	ho	mo	yo	ro	wo	N

あ	い	う	え	お
あ	い	う	え	お
か	き	く	け	こ
か	き	く	け	こ
さ	し	す	せ	そ
さ	し	す	せ	そ

た	ち	つ	て	と
た	ち	つ	て	と
な	に	ぬ	ね	の
な	に	ぬ	ね	の
は	ひ	ふ	へ	ほ
は	ひ	ふ	へ	ほ

ま	み	む	め	も
ま	み	む	め	も

や		ゆ		よ
や		ゆ		よ

ら	り	る	れ	ろ
ら	り	る	れ	ろ

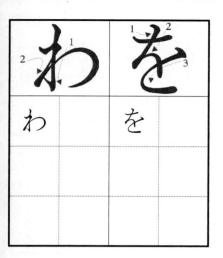

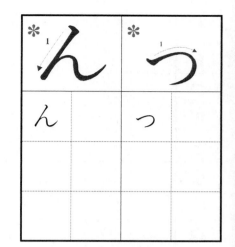

あ	あ									
い	い									
う	う									
え	え									
お	お									
か	か									
き	き									
く	く									
け	け									
こ	こ									
さ	さ									
し	し									
す	す									
せ	せ									
そ	そ									

た	た									
ち	ち									
つ	つ									
て	て									
と	と									
な	な									
に	に									
ぬ	ぬ									
ね	ね									
の	の									
は	は									
ひ	ひ									
ふ	ふ									
へ	へ									
ほ	ほ									
ま	ま									
み	み									
む	む									
め	め									
も	も									
ら	ら									
り	り									
る	る									
れ	れ									
ろ	ろ									

や	や								
ゆ	ゆ								
よ	よ								
わ	わ								
を	を								
ん	ん								

2) 히라가나 탁음, 반탁음 연습

が	ぎ	ぐ	げ	ご
が	ぎ	ぐ	げ	ご
ざ	じ	ず	ぜ	ぞ
ざ	じ	ず	ぜ	ぞ

だ	ぢ	づ	で	ど
だ	ぢ	づ	で	ど

ば	び	ぶ	べ	ぼ
ば	び	ぶ	べ	ぼ

ぱ	ぴ	ぷ	ぺ	ぽ
ぱ	ぴ	ぷ	ぺ	ぽ

3) 히라가나 요음 연습

きゃ	きゅ	きょ	しゃ	しゅ	しょ
きゃ	きゅ	きょ	しゃ	しゅ	しょ

ちゃ	ちゅ	ちょ	にゃ	にゅ	にょ
ちゃ	ちゅ	ちょ	にゃ	にゅ	にょ

ひゃ	ひゅ	ひょ	みゃ	みゅ	みょ
ひゃ	ひゅ	ひょ	みゃ	みゅ	みょ

りゃ	りゅ	りょ	ぎゃ	ぎゅ	ぎょ
りゃ	りゅ	りょ	ぎゃ	ぎゅ	ぎょ

じゃ	じゅ	じょ	ぢゃ	ぢゅ	ぢょ
じゃ	じゅ	じょ	ぢゃ	ぢゅ	ぢょ

びゃ	びゅ	びょ	ぴゃ	ぴゅ	ぴょ
びゃ	びゅ	びょ	ぴゃ	ぴゅ	ぴょ

ア	イ	ウ	エ	オ
ア	イ	ウ	エ	オ

カ	キ	ク	ケ	コ
カ	キ	ク	ケ	コ

サ	シ	ス	セ	ソ
サ	シ	ス	セ	ソ

タ	チ	ツ	テ	ト
タ	チ	ツ	テ	ト

ナ	ニ	ヌ	ネ	ノ
ナ	ニ	ヌ	ネ	ノ

ハ	ヒ	フ	ヘ	ホ
ハ	ヒ	フ	ヘ	ホ

マ	ミ	ム	メ	モ
マ	ミ	ム	メ	モ

ヤ		ユ		ヨ
ヤ		ユ		ヨ

ラ	リ	ル	レ	ロ
ラ	リ	ル	レ	ロ

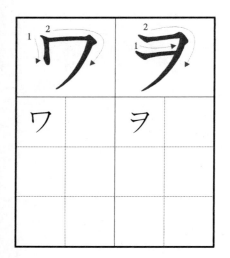

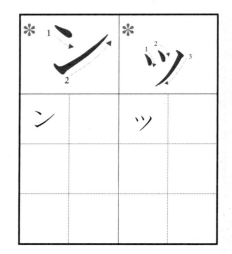

ア	ア									
イ	イ									
ウ	ウ									
エ	エ									
オ	オ									
カ	カ									
キ	キ									
ク	ク									
ケ	ケ									
コ	コ									
サ	サ									
シ	シ									
ス	ス									
セ	セ									
ソ	ソ									

タ	タ								
チ	チ								
ツ	ツ								
テ	テ								
ト	ト								
ナ	ナ								
ニ	ニ								
ヌ	ヌ								
ネ	ネ								
ノ	ノ								
ハ	ハ								
ヒ	ヒ								
フ	フ								
ヘ	ヘ								
ホ	ホ								
マ	マ								
ミ	ミ								
ム	ム								
メ	メ								
モ	モ								
ラ	ラ								
リ	リ								
ル	ル								
レ	レ								
ロ	ロ								

ヤ	ヤ								
ユ	ユ								
ヨ	ヨ								
ワ	ワ								
ヲ	ヲ								
ン	ン								

2) 가타카나 탁음, 반탁음 연습

ガ	ギ	グ	ゲ	ゴ
ガ	ギ	グ	ゲ	ゴ

ザ	ジ	ズ	ゼ	ゾ
ザ	ジ	ズ	ゼ	ゾ

ダ	ヂ	ヅ	デ	ド
ダ	ヂ	ヅ	デ	ド
バ	ビ	ブ	ベ	ボ
バ	ビ	ブ	ベ	ボ
パ	ピ	プ	ペ	ポ
パ	ピ	プ	ペ	ポ

3) 가타카나 요음 연습

キャ	キュ	キョ	シャ	シュ	ショ
キャ	キュ	キョ	シャ	シュ	ショ

チャ	チュ	チョ	ニャ	ニュ	ニョ
チャ	チュ	チョ	ニャ	ニュ	ニョ

ヒャ	ヒュ	ヒョ	ミャ	ミュ	ミョ
ヒャ	ヒュ	ヒョ	ミャ	ミュ	ミョ

リャ	リュ	リョ	ギャ	ギュ	ギョ
リャ	リュ	リョ	ギャ	ギュ	ギョ

ジャ	ジュ	ジョ	ヂャ	ヂュ	ヂョ
ジャ	ジュ	ジョ	ヂャ	ヂュ	ヂョ

ビャ	ビュ	ビョ	ピャ	ピュ	ピョ
ビャ	ビュ	ビョ	ピャ	ピュ	ピョ

단어연습

꽃	はな / はな	はな / はな	はな / はな	はな / はな
국화	きく / きく	きく / きく	きく / きく	きく / きく
장미	ばら / ばら	ばら / ばら	ばら / ばら	ばら / ばら
벚꽃	さくら / さくら	さくら / さくら	さくら / さくら	さくら / さくら
진달래	つつじ / つつじ	つつじ / つつじ	つつじ / つつじ	つつじ / つつじ
개나리	れんぎょう / れんぎょう	れんぎょう / れんぎょう	れんぎょう / れんぎょう	れんぎょう / れんぎょう

개	いぬ	いぬ	いぬ	いぬ
	いぬ	いぬ	いぬ	いぬ
고양이	ねこ	ねこ	ねこ	ねこ
	ねこ	ねこ	ねこ	ねこ
소	うし	うし	うし	うし
	うし	うし	うし	うし
말	うま	うま	うま	うま
	うま	うま	うま	うま
뱀	へび	へび	へび	へび
	へび	へび	へび	へび
새	とり	とり	とり	とり
	とり	とり	とり	とり

봄	はる	はる	はる	はる
	はる	はる	はる	はる
여름	なつ	なつ	なつ	なつ
	なつ	なつ	なつ	なつ
가을	あき	あき	あき	あき
	あき	あき	あき	あき
겨울	ふゆ	ふゆ	ふゆ	ふゆ
	ふゆ	ふゆ	ふゆ	ふゆ
아침	あさ	あさ	あさ	あさ
	あさ	あさ	あさ	あさ
밤	よる	よる	よる	よる
	よる	よる	よる	よる

사과	りんご	りんご	りんご	りんご
	りんご	りんご	りんご	りんご
딸기	いちご	いちご	いちご	いちご
	いちご	いちご	いちご	いちご
수박	すいか	すいか	すいか	すいか
	すいか	すいか	すいか	すいか
귤	みかん	みかん	みかん	みかん
	みかん	みかん	みかん	みかん
바나나	バナナ	バナナ	バナナ	バナナ
	バナナ	バナナ	バナナ	バナナ
메론	メロン	メロン	メロン	メロン
	メロン	メロン	メロン	メロン

バダ 바다	うみ うみ	うみ うみ	うみ うみ	うみ うみ
산	やま やま	やま やま	やま やま	やま やま
바람	かぜ かぜ	かぜ かぜ	かぜ かぜ	かぜ かぜ
구름	くも くも	くも くも	くも くも	くも くも
비	あめ あめ	あめ あめ	あめ あめ	あめ あめ
눈	ゆき ゆき	ゆき ゆき	ゆき ゆき	ゆき ゆき

의자	いす いす	いす いす	いす いす	いす いす
책상	つくえ つくえ	つくえ つくえ	つくえ つくえ	つくえ つくえ
사전	じしょ じしょ	じしょ じしょ	じしょ じしょ	じしょ じしょ
잡지	ざっし ざっし	ざっし ざっし	ざっし ざっし	ざっし ざっし
학교	がっこう がっこう	がっこう がっこう	がっこう がっこう	がっこう がっこう
가방	かばん かばん	かばん かばん	かばん かばん	かばん かばん

밥	ごはん	ごはん	ごはん	ごはん
	ごはん	ごはん	ごはん	ごはん
빵	パン	パン	パン	パン
	パン	パン	パン	パン
치즈	チーズ	チーズ	チーズ	チーズ
	チーズ	チーズ	チーズ	チーズ
도너츠	ドーナツ	ドーナツ	ドーナツ	ドーナツ
	ドーナツ	ドーナツ	ドーナツ	ドーナツ
햄버거	ハンバーガー	ハンバーガー	ハンバーガー	ハンバーガー
	ハンバーガ	ハンバーガ	ハンバーガ	ハンバーガ
쵸콜릿	チョコレート	チョコレート	チョコレート	チョコレート
	チョコレート	チョコレート	チョコレート	チョコレート

버스	バス	バス	バス	バス
	バス	バス	バス	バス
택시	タクシー	タクシー	タクシー	タクシー
	タクシー	タクシー	タクシー	タクシー
자전거	じてんしゃ	じてんしゃ	じてんしゃ	じてんしゃ
	じてんしゃ	じてんしゃ	じてんしゃ	じてんしゃ
지하철	ちかてつ	ちかてつ	ちかてつ	ちかてつ
	ちかてつ	ちかてつ	ちかてつ	ちかてつ
배	ふね	ふね	ふね	ふね
	ふね	ふね	ふね	ふね
비행기	ひこうき	ひこうき	ひこうき	ひこうき
	ひこうき	ひこうき	ひこうき	ひこうき

백화점	デパート	デパート	デパート	デパート
	デパート	デパート	デパート	デパート
호텔	ホテル	ホテル	ホテル	ホテル
	ホテル	ホテル	ホテル	ホテル
텔레비전	テレビ	テレビ	テレビ	テレビ
	テレビ	テレビ	テレビ	テレビ
라디오	ラジオ	ラジオ	ラジオ	ラジオ
	ラジオ	ラジオ	ラジオ	ラジオ
컴퓨터	パソコン	パソコン	パソコン	パソコン
	パソコン	パソコン	パソコン	パソコン
프린터	プリンター	プリンター	プリンター	プリンター
	プリンター	プリンター	プリンター	プリンター

미국	アメリカ	アメリカ	アメリカ	アメリカ
	アメリカ	アメリカ	アメリカ	アメリカ
영국	イギリス	イギリス	イギリス	イギリス
	イギリス	イギリス	イギリス	イギリス
프랑스	フランス	フランス	フランス	フランス
	フランス	フランス	フランス	フランス
독일	ドイツ	ドイツ	ドイツ	ドイツ
	ドイツ	ドイツ	ドイツ	ドイツ
캐나다	カナダ	カナダ	カナダ	カナダ
	カナダ	カナダ	カナダ	カナダ
스페인	スペイン	スペイン	スペイン	スペイン
	スペイン	スペイン	スペイン	スペイン

손수건	ハンカチ ハンカチ	ハンカチ ハンカチ	ハンカチ ハンカチ	ハンカチ ハンカチ
넥타이	ネクタイ ネクタイ	ネクタイ ネクタイ	ネクタイ ネクタイ	ネクタイ ネクタイ
스커트	スカート スカート	スカート スカート	スカート スカート	スカート スカート
바지	ズボン ズボン	ズボン ズボン	ズボン ズボン	ズボン ズボン
신발	シューズ シューズ	シューズ シューズ	シューズ シューズ	シューズ シューズ
샌달	サンダル サンダル	サンダル サンダル	サンダル サンダル	サンダル サンダル

はじめまして	처음 뵙겠습니다
はじめまして	はじめまして

こんにちは	안녕하세요?
こんにちは	こんにちは

さようなら	안녕히 가세요
さようなら	さようなら

すみません	미안합니다
すみません	すみません

ありがとうございます	감사합니다
ありがとうございます	ありがとうございます

どういたしまして	천만에요
どういたしまして	どういたしまして

おやすみなさい	안녕히 주무세요
おやすみなさい	おやすみなさい

おねがいします	부탁합니다
おねがいします	おねがいします